中国首套马术（赛马）领域系列丛书

公益性
赛马游戏指南

张 双 夏云建 李要南 编著

长江出版传媒
湖北人民出版社

图书在版编目(CIP)数据

公益性赛马游戏指南/张双,夏云建,李要南编著.
武汉:湖北人民出版社,2016.8
ISBN 978-7-216-08971-5
Ⅰ.公…　Ⅱ.①张…②夏…③李…　Ⅲ.赛马—指南　Ⅳ.G882.1-62
中国版本图书馆CIP数据核字(2016)第168865号

责任编辑:徐　艳
封面设计:张　弦
责任校对:范承勇
责任印制:谢　清

出版发行: 湖北人民出版社　　**地址:**武汉市雄楚大道268号
印刷:武汉市首壹印务有限公司　　**邮编:**430070
开本:787毫米×1092毫米 1/16　　**印张:**12
字数:233千字　　**插页:**1
版次:2016年8月第1版　　**印次:**2020年8月第2次印刷
书号:ISBN 978-7-216-08971-5　　**定价:**40.00元

本社网址:http://www.hbpp.com.cn
本社旗舰店:http://hbrmcbs.tmall.com
读者服务部电话:027-87679656
投诉举报电话:027-87679757

前　言

体育产业在我国已成为一个新兴战略产业，有着巨大的发展潜力。尤其是国务院于2014年10月印发《关于加快发展体育产业促进体育消费的若干意见》，为体育产业发展做了清晰有力的顶层设计。群众性、娱乐性、商业性体育赛事按市场需求配置，全民健身上升为国家战略，体育消费已成为新的热点和亮点。体育产业被纳入了国家经济转型战略，意义深远，中国的体育产业将迎来一个崭新的时代。

在蓬勃发展的体育产业中，马术（赛马）产业最具活力与潜力，世界发达国家马术（赛马）产业经济已占据各国GDP的相当比例。随着我国社会主义经济的快速发展，物质生活资料的丰富，生活水平的不断提高，余暇时间的增多，人们从事休闲娱乐的需求日益强烈，马术（赛马）运动已成为一种新兴战略支柱产业及健康休闲文化活动而受到人们的亲睐。因此，马术（赛马）产业的发展将成为我国经济转型发展中新的增长点。

公益性赛马是赛马产业发展中的有机构成部分，虽然国内外各大赛马协会在各自网站均给出了公益性赛马游戏的具体玩法，但并不是所有观众和爱好者都会登录网站去了解相关的操作方法，甚至有的观众对此领域是一片茫然。此外，内地的观众对赛马玩法的类型、方式方法接触得更少，要想大力发展我国的赛马产业，就必须让大部分观众了解赛马赛事的组织过程和公益性赛马游戏的操作方法。虽然目前在各大网站上有专门针对本地区或国家的公益性赛马游戏方法的介绍，但是没有一本系统介绍公益性赛马游戏玩法的书籍。鉴于此，武汉商学院国际马术学院在本领域进行了一些相关研究，如结合国内外的案例进行了综合性研究，并在实践的基础上撰写了《公益性赛马游戏指南》专著。本著作从赛马赛事组织与公益性赛马游戏玩法的角度出发，从理论与实践上构架了赛马游戏操作方法的完整体系、最前沿知识。全书共十二章：第一章，赛马游戏的历史；第二章，公益性赛马概述；第三章，赛马知识概述；第四章，公益性赛马游戏的互动方法；第五章，赛马场布局简介；第六章，赛马游戏的影响因素；第七章，赛马游戏信息的获取；第八章，赛马游戏技巧；第九章，下注流程及注意事项；第十章，香港赛马下注介绍；第十一章，澳门赛马下注介绍；第十二章，新加坡赛马下注介绍。

本书可供赛马专业学生进行学习，也可以作为马迷爱好者的参考书籍，对于普及大众了解公益性赛马游戏的玩法具有非常实际的意义。

由于时间仓促，加之本人知识水平有限，著作中的错误和纰漏在所难免，恳请广大读者多提宝贵意见，不吝赐教。

夏云建

2016 年 6 月于武汉商学院鹤鸣湖畔

目　录

第一章　赛马游戏的历史

第一节　国际赛马游戏的历史

一、古代赛马游戏的历史[1]

古希腊诗人荷马的《伊利昂纪》提到用马牵引战车进行的竞赛，多年来人们认为这就是有关赛马运动最古老的记述。但是，在小亚细亚发现的石碑铭文却表明，在特罗扬战争几百年以前，亚述各地国王就有专职驯马师。公元前 7 世纪，古奥林匹克竞技会上有 4 驾马车比赛。4 驾马车出现之后约 40 年，赛马才由骑手驾驭进行，这才是赛马运动的真正开始。但是类似现代赛马这样吸引观众参与其中的赛马活动，却始见于古希腊和古罗马。

罗马帝国全盛时代有驾车赛马、骑马竞赛以及所谓罗马式赛马（骑手跨立两马背上）。当时赛马活动频繁，有专业赛马工作人员，有起跑道，有关于比赛规则的争执，有关于给马施用兴奋剂的诉讼、押马赌博以及观众骚乱等记载。14 世纪法兰西农村节日上有赛马活动。在路易十四世在位期间（1643—1715 年），赛马赌博十分流行，对比赛曾是最普通的赛马形式，在对比赛中，马的主人提供奖金。这种对比赛是私人之间的比赛，后来逐渐为公开的赛马活动所取代。

二、现代赛马游戏的历史

自英格兰国王查理二世在位期间兴起的国王杯赛流行后，逐渐有了关于参加比赛的马匹参赛资格的规定，其内容涉及年龄、性别、产地、骑手、过去用途、过去成绩等。所谓英格兰纯种马就是由拜耳利·特克（Byerley Turk）、达利·阿拉伯（Darley Arabian）

[1]　来源：百度百科 http://baike.baidu.com/

和高德芬·阿拉伯（Godolphin Arabian）与原英格兰马杂交而成。为了便于鉴别良马，1791年英国出版《良马血统总录导论》，此书几经修订，现为《良马血统总录》的第一章。《法国良马血统谱》于1838年出版，其中以东方马（包括纯阿拉伯马、纯土耳其马和纯北非马）和纯英格兰马为两大类。

在英国，1751年之前，赛马形式分为分场赛和单场赛两种。分场赛中以国王杯赛为标准，原由6龄马参加，负重76千克，每场赛程6.4千米，两场夺冠始为胜者。自1751年起，改为5龄马负重63千克、4龄马负重57千克，每场赛程缩短为3.2千米。产业革命发生后，分场赛逐渐衰落。而单场赛却开始流行于英格兰，赛程长短不一。1776年圣莱杰赛开始，次年德比赛开始（只限3龄马参加），这些比赛是现代赛马运动的发端。由于参加比赛的马匹年龄降低，因而按年龄规定负重的制度日趋精密。

现代赛马运动起源于英国，1174年，在伦敦史密斯菲尔德星期五的马市上，首次出现比较正式的赛马活动。在1195年的一场3哩（约4.8公里）的赛马中，英王查理一世捐赠了一个金钱袋，这是有记载的世界上赛马的第一笔奖金。随着英国赛马的开展和向其他国家流传，16世纪欧洲形成了现代马术。初期赛马多属私人间比赛，由马的所有者提供奖金，后出现了公开赛。有组织的赛马活动是从1668年3月在纽约州开始的。1772年开始印行赛马纪录年鉴。到18世纪末，欧美国家的赛马活动十分活跃，并与军事骑术相分离，成为一项独立的体育运动。现代赛马的竞赛方法和组织管理远比古代赛马先进和科学，比赛形式也发展为平地赛马、障碍赛马、越野赛马、轻驾车比赛和接力赛马等不同种类。平地赛马多数在场内进行，跑道长度多在1000米至2000米之间。比赛类似田径的中长跑，分为1000米、1400米、1600米、2000米、3000米等不同赛段。障碍赛马是一种检验马匹跑和跳结合能力的比赛，参赛马应依次跳过设在赛道上的障碍物，障碍物一般为1至1.1米高的树枝，其间隔距离不等。这种形式的比赛危险性很高，常出现人仰马翻、骑手伤亡的事故。最著名的障碍赛马是英国的利物浦杯，赛段距离为7300米左右。越野赛马多数在树林和丘陵地带进行。轻驾车是人驾马车进行的一种绕标或过水障的比赛，有单人驾、四人驾之分。不同种类的赛马比赛都是竞速赛，根据时间的快慢决出比赛的名次。比赛的规则非常多，最根本的就是不妨碍别人。现代的区分精细到按月计算马龄，并严格区别赛程。赛马首先由检查员检查马匹，然后骑手称量体重，到鞍具着装场听取驯马师的提示，同时由工作人员核实马匹。随后骑手才能上马进入赛场，接受工作人员的检阅。现在已采用电动起跑门，众多检查员和工作人员沿跑道站立，严密注意犯规行为。终点设有高速摄影机，拍摄最后冲刺的场面。骑师竞赛完后须再次称量体重。优胜马匹须经过复查后，成绩才获得正式承认。

目前世界上开展赛马运动较好的国家和地区有英国、法国、美国、德国、爱尔兰、意大利、澳大利亚、日本、中国香港特别行政区和澳门等。以美国的赛马为例，每年要举行 10 万多场，观众达到 9000 万人次，马票售出金额高达 120 亿美元。

三、世界各地赛马简介

（一）北美洲的赛马

美国传统上的赛马热点是肯塔基德比大奖赛、比利时大奖赛和贝尔蒙特大奖赛形成的 3 岁马的美国三冠王大赛。此外，在年底举行的育马者杯对年初的三冠王大赛提出了挑战，成为 3 岁马比赛冠军的决定者。他们也对其他年度冠军的挑选产生了重要的影响。

美国赛马是允许与观众互动的，具体操作方法由州政府进行管理，几乎一直都是被法律认可的一种博彩形式。

（二）大洋洲的赛马

在澳大利亚，最著名的赛事当属墨尔本杯这样的赛马比赛，墨尔本杯赛马节每年举办一次，声势浩大，吸引了很多国际组织的进入。该赛马日也是澳大利亚的公假日，可见赛马在澳大利亚受欢迎和受重视的程度非同一般。

（三）欧洲的赛马

英国是现代赛马的发源地，最重要的赛事包括只供 3 岁马参加的英国三冠大赛，包括二千畿尼，叶森打比及圣烈治大赛。其他主要锦标有英皇锦标、冠军锦标、七月杯。

法国受到邻国英国的影响，19 世纪开始兴盛起来。在平地赛事方面，最高奖金的比赛是凯旋门大赛，跳栏赛是巴黎大赛，而赛马车比赛为美州大赛。

德国的赛马奖金较英国、法国及爱尔兰为低，最高奖金平地赛事是德国德比，至于另一项重要平地赛事巴登大赛亦吸引了欧洲邻国马匹的参与。

意大利著名赛马祭典是 Palio di Siena。虽然意大利赛马并非主流运动，但是在平地赛事及赛马车中出过优秀的马匹，名闻马坛。

（四）亚洲的赛马

新加坡于 1843 年设立新加坡体育会（在 1927 年改名为新加坡赛马公会）。1896 年加盟新加坡赛马联盟，即使新加坡独立，它仍然是该联盟的成员。2000 年举办国际赛事新加坡航空国际杯。

阿联酋在 1990 年举办赛马比赛，1996 年正式邀请世界各地马匹参赛，重点赛事是迪拜世界杯赛马日，另外世界各地马匹亦可自由参与迪拜国际赛马嘉年华比赛，在欧洲平地赛休息日的时候，来自欧洲的练马师亦会考虑出战迪拜的比赛，现时赛马最高奖金比赛是迪拜世界杯。由于当地法律限制，公众不能参与赛马互动。

在日本开放港口后，赛马亦得以发展，到1950年代日本中央竞马会成立，现时拥有十个马场，1980年起创立日本杯，是日本最高奖金的比赛，日本马有机会在日本与外国马匹同场较量。而日本另一个赛马会是全国地方竞马协会，举办地方性质赛事，水平较日本中央竞马会为低。目前日本是世界上奖金最高的平地赛马赛事体系。

韩国马事会自1954年成立，初期在汉城发展赛马。20世纪90年代在济州举行小马比赛。2005年增建釜山竞马场。

（五）非洲和南美洲的赛马

在南非和毛里求斯等非洲国家，也有赛马活动举行。在南美洲巴西、阿根廷、智利、乌拉圭及巴拉圭都有赛马比赛，当地亦有养马事业，不少马匹运往美国出赛亦有不错的表现。

四、国际重要的赛马赛事

1. 凯旋门大奖赛

国际重要马赛之一。1920年，由法国在巴黎隆尚赛马场创办。每年10月举行由3龄以上的马参加，跑道长2400米。

2. 欧克斯赛

1779年，由英国创设。该比赛在萨里郡埃普瑟姆丘陵草原举行，参加者限用3龄母驹。赛程约2.4公里，与德比赛共用一个场地。和德比赛、圣莱杰赛、二千畿尼赛、一千畿尼赛一起被称为传统五大马赛。

3. 德比马赛

1780年，由英国斯坦利（即第十二世德比伯爵）在萨里郡埃普瑟姆唐创办。是传统的五大马赛之一。仅限3龄幼马参赛，每年6月的第一个星期三举行，赛程约2.4公里。

4. 圣莱杰赛

1776年，由英格兰陆军上校圣莱杰在约克郡唐克斯特镇赛马场创办，仅限3龄马驹参加。1778年后以他的名字命名。赛程约2.8公里，每年9月举行。

5. 一千畿尼赛

英国传统的马术比赛，由英国在1814年萨福克郡纽马基特市春季赛会上创办。仅限3龄母驹参加，赛程1英里，每年在罗利1英里马场举行1次。

6. 二千畿尼赛

英国传统的马术比赛，首次二千畿尼赛于 1809 年在英国萨福克郡纽马基特市举行，仅限 3 龄马驹参赛，赛程 1 英里。

7. 肯塔基大赛

1875 年，由美国在肯塔基州路易斯维尔市丘吉尔丘陵草地创办，每年 5 月第一个星期六举行，仅限 3 龄马驹参加。赛程初约为 2.4 公里，1896 年起改为 2 公里。

8. 贝尔蒙特大奖赛

由美国于 1867 年创办。起初比赛距离和跑道时有变动，1905 年起固定在纽约市郊贝尔蒙特公园举行，1926 年起跑道长度定为 1.5 英里，每年 6 月初举行。

9. 普利克内斯有奖赛

1873 年，由美国在巴尔的摩市安姆利科跑马场创设。仅限 3 龄良种马参加，每年 5 月中旬举行。比赛时牝马负重 121 磅，牡马负重 126 磅。起初赛程约 2.4 公里，1925 年改为约 1.9 公里。是一种平道马赛。

10. 美国大回马赛（American tour horse racing）

创办于 1871 年，由美国克利夫兰市实业家爱德华发起，举办当时被称为“四方快步马联赛”。1873 年在克利夫兰市、纽约州龙带卡和市法罗、马萨诸塞州斯普林菲尔德举行了首次比赛，20 世纪后半叶在美国和加拿大的 20 多处赛马场巡回比赛，成为美国最有吸引力的驾车赛。

11. 汉布尔顿有奖赛

1920 年美国纽约锡拉丘兹举行了三轮快步驾车马赛，以后每年举行 1 次。因美国现代大多数快步马的始祖为汉布尔顿种马而得名。1981 年后比赛场地改在新泽西州梅多兰兹赛马场。

12. 赛马总会大奖赛

1836 年，由法国在巴黎附近尚蒂伊镇跑马场创办。仅限 3 龄马驹参赛，每年 6 月举行，赛程 2.4 公里，与英国德比赛相似，故又称“法国德比赛”。

13. 澳大利亚墨尔本杯赛马节

每年 11 月第一个星期二是澳大利亚一年一度的墨尔本杯赛马节，墨尔本都会举办持续 8 天的嘉年华会。墨尔本杯创办于 1861 年，是世界最顶级的赛马大会，吸引了来自全球各地的著名骑师和赛马。这一天澳大利亚全国放假，至少有 10 万人会到现场观战，其他人则围着电视看转播，并且下注赌马。现在全球观看墨尔本杯的观众已经超过 3.5 亿，而仅在澳洲，每年在墨尔本杯的下注就超过 1 亿澳元。

14. 迪拜赛马世界杯

创建于 1996 年，是世界上最昂贵的比赛，仅仅一天的赛程，组织者就要向获胜者颁发出 200 多万美元的奖金，而且，高昂花费的同时，组织者并没有使用更多的商业技巧赢取现实利益上的经济回报。整个比赛奖金达到近 800 万美元。此后奖金也随着比赛水平的提高不断上涨。

第二节　中国赛马游戏的历史

一、中国古代赛马游戏的历史

中国有文字资料记载的有关赛马的文献是《史记》，卷六十五:《孙子吴起列传第五》，讲的是中国历史上有名的揭示如何善用自己的长处去对付对手的短处，从而在竞技中获胜的事例。《史记·孙子吴起列传》中记述了孙膑帮助田忌赛马取胜的故事，极大地鼓舞了士气。

在中国古代的球类运动中，除了足球——蹴鞠之外，还有一项与骑术密切相关的运动，就是马球，称之为“击鞠”。马球就是骑在马上用球杆击打皮球的一种竞技运动。在三国曹植的《名都篇》里就有“连骑击鞠壤，巧捷惟万端”的诗句。说明在汉末的时候，马球就已经存在了。马球运动从汉代一直到整个隋唐都有很大的发展，特别是在唐代曾经风行一时。马球运动对骑术有着相当高的要求，参赛者必须有着十分娴熟的骑马技术，而且密切配合，才能够取胜。因此，马球运动已不单单是一种球类运动，更是考验骑手技术的一种骑术比赛。

唐代的重马之风更甚。《山堂考察·论马》认为：马是“甲兵之本，国之大用，安宁则以尊卑之序，有变则以济远近之行，而兵所以恃以取胜也”。唐太宗李世民骑术精湛，多次征战南北，冲锋陷阵，极大地鼓舞了士气。唐代的军队马术训练非常严格，有一种“透剑门伎”，表演者纵马从利刃林立的门中急驰而过，而不伤分毫，令人惊叹。

到了明清，骑术表演除了民间，还作为军队训练的一项重要内容，清宫画家郎士宁曾经描绘了一幅反映清军进行马术训练的《马术图》，表现了清军在马术训练当中的各种动作、各种方式，非常引人入胜。

中国古代的马术是作为战争需要而生，其中也涉及到以马为载体的游戏活动，但这些活动只是权贵者消遣取乐的形式，普通民众很难有机会和条件参与其中。

二、中国近代赛马游戏的历史

（一）现代赛马概况

中国的现代赛马活动，始于19世纪60年代。到了20世纪30年代，除了香港的赛马业迅速发展外，上海有2个赛马场，天津有3个赛马场，武汉有2个赛马场。全国的赛马场逐步发展到20多个。上海赛马场曾一度成为亚洲最大的赛马场。

1952年8月举行的“八一”建军节25周年运动大会上，进行了赛马比赛，1959年举行的第一届全国运动会，来自13个省（市）的226名选手参加角逐。1960年举行了全国马术锦标赛。由于历史的原因，自此之后至1982年之前，中国再也没有举行过赛马比赛。

1982年，中国申请加入了国际马联。从当年起每年举行一次全国马术锦标赛。赛马被列入全国锦标赛正式比赛项目。20世纪90年代，古城西安率先打响了现代赛马的第一枪。

1991年4月，新中国第一个赛马俱乐部在深圳诞生，第二年该俱乐部就举行了“猜头马”平地赛。1992年4月26日，“金马杯中国马王广东邀请赛”在广州市郊黄村开锣。继广州马王赛之后，全国各地的赛马活动此起彼伏。中国的赛马运动开始升温。随着赛马运动在中国的不断发展，对参赛马匹的质量也有了更高的要求。纯血马作为当今世界上跑得最快的马，已经越来越受到中国人的关注。从1992年起，广州赛马场就陆续由香港、澳门特区引进退役赛马。但是引进的纯血马皆为骟马，不能繁殖，长期引进成本较高。本国繁殖纯血马的话题立即被国人提出来。1995年是中国引进纯血马进行自行繁殖最活跃的一年，深圳从新西兰、内蒙古从爱尔兰相继进口了纯血马。

1995年，作为国内组织马术比赛的最高管理机构，中国马术协会已经恢复每年举行速度赛马活动，为各地区的好手和好马提供了大显身手的机会。与国外相比，中国速度赛马的水平与之存在着较大差距；其次是马种，中国的马多用于使役，很少用于体育运动，使马种严重退化，影响了运动成绩的提高；此外，在饲养管理、训练水平方面差距也不小。

（二）香港赛马

香港的赛马运动始于1841年。当年英国人刚抵达，便开始建立赛马场。自此马场便一直运作至今，仅在第二次世界大战期间暂停了数年。香港赛马会于1884年成立，并于1971年由业余转为职业赛马机构。位于沙田的第二个马场在1978年建成启用。

随着赛马活动渐受欢迎，非法外围行为相应增加。香港特区政府遂于 1973 年批准马会开办场外受住服务，以解决非法问题。目前，香港赛马已全球闻名。

（三）澳门赛马

澳门赛马会前身为澳门赛马车会，1989 年赛马车会易手并发展成为举办平地赛马的澳门赛马会，于该年 9 月 10 日举行第一次平地赛事。

澳门赛马会全年编跑赛事，赛季由每年 9 月份开始，至次年 8 月底。每星期基本编有 2 天赛事，逢周五举行夜赛，而周六或周日编跑日赛或黄昏赛。

澳门赛马会赛事以顺时针方向进行，草地赛事最常见的为短途的 1100 米及 1200 米；中途的 1400 米、1500 米以及 1700 米；长途赛事 1800 米及 2000 米。至于沙地赛最常见的 5 种距离分别为 1050 米、1350 米、1500 米、1600 米及 1700 米。

（四）武汉赛马

武汉赛马由“东方神马实业（武汉）有限公司”操作实施，该公司是香港东方神马集团旗下的一家投资企业，成立于 1999 年。公司秉承“以赛马为核心，打造中国第一马业平台”的发展理念，在湖北武汉投资体育赛马产业及与其相关的商业开发、广告传媒、赛马旅游等产业。2002 年，公司在武汉市东西湖区投资兴建集体育赛马、旅游、商业、地产于一体的大型综合性项目“东方马城”，发展马术与速度赛马运动，建立马产业平台。

自 2003 年开始，公司每年金秋承办“中国武汉国际赛马节”；此外，还多次承办了“全国速度赛马锦标赛”“国际马联场地障碍赛挑战赛”“全国马术锦标赛”“国际骑师邀请赛”“中国金牌骑师邀请赛”“马来西亚雪兰莪赛马会友好杯邀请赛”等系列重要赛事。

自 2007 年底以来，东方神马实业（武汉）有限公司坚持每周举办一次赛马日活动，每个赛马日举办 4 ～ 6 场速度赛马赛事。通过赛马日活动的经营和运作，宣传马文化，为市民和旅游者提供高尚的休闲娱乐活动，为商界搭建沟通平台，为我国马产业的建立和发展贡献力量。

经过十多年的发展，马产业发展初具规模，在硬件建设、赛事平台的搭建、赛事各项制度体系的研发、赛马人才的培养以及赛事运营等各个方面均已有了较好的基础。公司按照国际标准投资兴建的东方马城国际赛马场具备了举办大型国际、国内赛事的各项条件，所研发的赛事规则和赛事管理体系日趋成熟，赛事组织日臻完善，并通过了 ISO9001 质量管理体系认证，成为我国迄今为止唯一引入 ISO 质量管理体系管理和运作赛马赛事的企业。

如今，公司所打造的赛马产业项目已经成为我国首屈一指的项目。一年一度的“中国武汉国际赛马节”也已成为武汉市的城市名片，在国际、国内拥有较大的影响力，历届赛马节吸引了 30 多个赛马运动主流国家前来观赛、参赛和共同运作。随着公司所打造的体育赛马产业国际影响力的逐年提升，也奠定了公司在中国赛马行业龙头企业的地位。

第二章　公益性赛马概述

马场与公众互动所获取的收益中部分资金用在了公益性事业上，这是“取之于民、用之于民”模式的最直接体现。目前，大多数国家和地区的马会都会将部分资金用于社会性质的福利事业、农业、体育业等其他需要扶持的产业。

第一节　香港赛马会的公益性事业[1]

一、概述

香港赛马会专门设立有“慈善信托基金”。马会自 1915 年已投入捐助社会公益。20 世纪 50 年代，香港面对战后重建、大量移民涌入等问题，促使马会将慈善捐助工作纳入业务范围。1955 年，马会正式决定将每年的盈余拨捐慈善公益。1959 年，马会设立一家独立的香港赛马会（慈善）有限公司，专门负责管理捐款事务；而香港赛马会慈善信托基金则于 1993 年成立，并继承该公司的责任，处理马会慈善基金的捐款事宜。

马会一贯的宗旨，在于为整体社会带来最大的利益。因此，马会的慈善捐款无远弗届，惠及不同的公益慈善计划和项目。马会的捐款照顾到民生和社会需要，主要分为十方面，即艺术文化、教育培训、长者服务、扶贫救急、环境保护、家庭服务、医疗卫生、复康服务、体育康乐及青年发展。

马会更与政府和其他非牟利机构携手合作，借以改善香港市民的生活质素，同时让有迫切需要的人士得到适时的援助。此外，马会亦积极主动地开拓和发展慈善计划，以应付社会日后的需要。

马会是香港最大的单一纳税机构，每年缴付的直接及间接税款约达 130 亿港元，占

[1]　来自香港赛马会（http://www.hkjc.com）

本地生产总值的 1.3%，而马会对本地生产总值的贡献，占餐饮及酒店行业整体生产总值的五成多，并相当于传媒业整体生产总值的三分之二。

马会也是香港十大非政府僱主之一，聘用的全职及兼职员工人数约达 26,000 人。而僱用的兼职僱员人数，约占全港兼职人数的 10%。

二、捐款记录

香港赛马会慈善信托基金在过去十年每年平均拨捐近 80 亿港元，透过主导大型社会计划，以及资助超过一百个慈善团体及机构推行服务项目，惠及社会各阶层。捐款涵盖十大范畴：青年发展、长者服务、体育康乐、艺术文化、教育培训、医疗卫生、康复服务、环境保护、家庭服务和扶贫救急。仅 2014—2015 年度，马会慈善信托基金捐款破往年纪录，总额达 38 亿 7 千 1 百万港元，较上年度增加 7.3%，资助共 190 个慈善及社区项目。

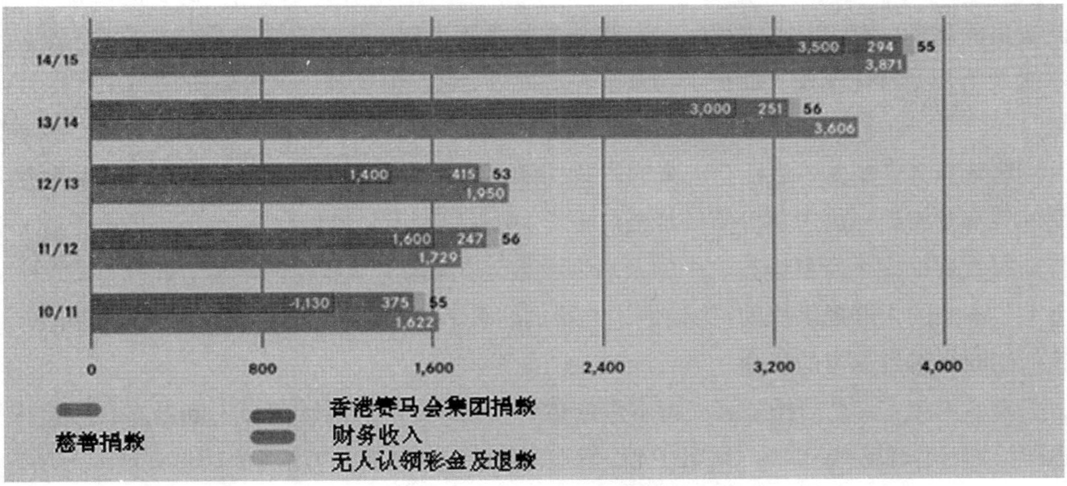

图 2-1-1　香港赛马会慈善信托基金收入来源和慈善捐款

三、未来五年策略范畴

作为香港最大的慈善公益资助机构，马会将所得盈余拨捐慈善，以改善香港市民的生活素质。马会将会继续积极开拓更多渠道，以促进社会的长远持续发展，并在未来三至五年，策略性地推动三大范畴，包括：协助建构香港成为长者友善城市、激发青年力量促进社会创新、支持体育项目以带动正面价值及希望。

四、申请资助指南

（一）资助计划的范畴

香港赛马会慈善信托基金致力与政府及非牟利机构合作，通过在艺术文化、教育培训、长者服务、扶贫救急、环境保护、家庭服务、医疗卫生、复康服务、体育康乐和青年发展等十方面的资助，提高香港市民的生活质素。

保健防疾：慈善信托基金大力支持本港的医疗保健及疾病防治工作，借以为香港市民提供优良的健康护理服务。多年以来，慈善信托基金曾拨款推动基层健康服务，改善医疗设施，为医务人员提供最新科技知识及教育设施。

惠泽社群：慈善信托基金深明社区与坊众服务的重要性，故积极因应社会上的不同需要，尤其对老弱人士所面对的困难，提供适时而多元化的支援服务。慈善信托基金为此拨出的款项，均用以兴建社区中心和会堂及添置设施，设立护老院及老人中心，并为弱能人士开办特殊学校、庇护工场及宿舍。此外，慈善信托基金又拨款资助多项环保计划。

培育英才：青少年是社会未来的栋梁，所以，慈善信托基金为社会各阶层提供多方面的教育及培训。由于慈善信托基金对小学、中学以至大学的教育一向极为重视，因此，特别拨款资助多个专科学校、中学及培训设施，并提供奖学金和助学金。此外，又为社会上较不幸的人群提供协助，为他们添置特别的教学器材，例如语言实验室和计算机室，让他们同样得到学习的机会。

丰盛人生：慈善信托基金支持本港的运动，获得资助的运动项目不断增多，包括兴建游泳池、足球场、篮球场、风帆中心、滑浪风帆中心、射箭及射击场、高尔夫球练习场、高尔夫球场、体育馆、壁球及网球场等。

慈善信托基金还赞助适合全家老少共同参与的康乐项目，例如拨款兴建公园、儿童益智游乐场、渡假营和青少年中心。此外，慈善信托基金又对本港的艺术文化活动给予支持，除了兴建香港演艺学院，以及作为每年香港艺术节的主要赞助机构外，更拨款资助多个表演场地，并提供音乐和舞蹈训练及表演的机会。

（二）不获资助类别

慈善信托基金一般不会为以下人士或机构提供资助：个别人士、海外机构、学校/专上学院的特别兴趣小组、筹款活动、并无注册为非牟利/慈善组织的机构、提倡某种政见的团体。

（三）申请办法

所需资料：

①一份详细的计划建议书，包括要求资助金额，并附以充分的理据说明。

②一份详尽的开支细目表。

③有关机构最近期的周年报告。

④有关机构最近期的经审核账目。

⑤有关机构最近期的董事局委员 / 校董会 / 执行委员会 / 管理委员会成员名单。

五、重要贡献

（一）赛马会鼓掌，创你程计划

为协助香港青少年对自己的兴趣及才能有更深入的了解，探索“多元化出路”，马会慈善信托基金于 2015 年初拨款五亿港元，与香港中文大学、香港浸会大学、香港辅导教师协会、香港社会服务联会，及社福界团体，共同推行为期五年的“赛马会鼓掌，创你程计划”，是全港首个同时照顾在校学生及非在学青少年的生涯规划项目，包括辍学、隐蔽及双待青少年。

（二）中区警署建筑群活化计划

中区警署建筑群活化计划是香港的重点保育活化项目之一，目的是活化再用中区警署、中央裁判司署和域多利监狱组成的古迹建筑群。这项计划是香港特区政府与香港赛马会的合作项目，并由赛马会慈善信托基金捐款 18 亿港元推行，期望透过保育活化这个独特的古迹建筑群，为公众提供一处结合文物、当代艺术和休闲设施的文化活动空间。

（三）香港赛马会奖学金

香港赛马会慈善信托基金一直致力培育本地人才，并于 1998 年成立香港赛马会奖学金。至今，合共逾四百位同学获得本奖学金，总拨款额约四亿港元。2015 年，马会更设立香港赛马会奖学金秘书处，为奖学金提供行政支援。

1. 香港赛马会奖学金——本科奖学金

每年，奖学金提供 36 个名额予八所由大学教育资助委员会资助的专上学府及香港演艺学院学生，全面资助其学费及生活费，修读学位课程。本港学生及内地生均合乎资格，亦鼓励特殊教育需要学生申请。

2. 香港赛马会奖学金——牛津大学研究生奖学金

每年，奖学金提供3个名额予牛津大学，全数资助学生在牛津大学攻读任何硕士或博士学位期间所需的学费、学院费及生活费。

3. 香港赛马会奖学金——职业教育奖学金

每年，奖学金提供14个名额资助职业训练局（职训局）文凭毕业生修读两年制的高级文凭课程。每年，奖学金亦提供2个名额，资助职训局高级文凭毕业生到职训局的海外合作大学或机构攻读本科生课程。

4. 赛马会学人

要成为赛马会学人，必须学术表现及品格卓越、具备领导能力以及热心参与社会事务。马会将会为赛马会学人提供不同的学习及发展机会，加强同学的社会及人际关系网络。马会将与牛津大学合办为期一星期的海外领袖交流项目，藉此扩阔赛马会学人的国际视野。赛马会学人将会有独特的机会参与由马会资助的社会服务计划。赛马会学人更可以参加马会举办的社交活动，与社会领袖及其他同学交流。透过“赛马会奖学金同学会”参与不同义工服务，身体力行反馈社会。

（四）赛马会喜伴同行计划

主流中小学的自闭症学生数目持续上升，香港赛马会慈善信托基金为了向这些学生及其家庭和学校提供全面的支援，拨款一亿六千七百万港元，联同香港大学社会科学学院、教育局及六间非政府机构：香港明爱、协康会、新生精神康复会、香港耀能协会、救世军及东华三院，推行为期三年的“赛马会喜伴同行计划”，是全港首个专为于主流学校就读的自闭症学童及其家长而设的全方位支援项目。计划为有需要的学童提供校本支援，预期约有300间中小学受惠，并透过18间地区中心为家长提供一站式的支援服务，以及举办公众教育活动，令市民大众认识自闭人士，消除种种误解。

（五）流金颂：赛马会长者计划新里程

于2009年开幕的“赛马会流金汇”是一所综合健康及社区照顾服务中心，由香港赛马会慈善信托基金赞助，并由香港中文大学协助管理。中心采用“医社合一”理念，为中年人士至长者，提供一站式身心健康管理及支援服务，致力推广基层健康的概念。“赛马会流金汇”是“流金颂：赛马会长者计划新里程”其中的一个创新服务模式。

（六）爱＋人：赛马会和谐社会计划

为建立一个和谐社会，赛马会慈善信托基金于2008年捐款二亿五千万港元，主动推行具前瞻性的全港家庭研究及公众教育计划“爱＋人：赛马会和谐社会计划”；邀请香港大学公共卫生学院携手合作，希望找出家庭问题的根源，制定预防方案，并举办多元化的公众教育活动，以不同手法和渠道，宣传健康、快乐、和谐家庭的讯息。

（七）喜阅写意：赛马会读写支援计划

赛马会慈善信托基金于2006年拨款主导推行“喜阅写意：赛马会读写支援计划”，为有读写困难，尤其是有读写障碍的学生提供支援，助他们跨越障碍。这个为期九年的计划经已圆满结束。

计划研发了以“小学中文分层支援教学模式”识别有读写障碍的学生，并监察他们的学习进度。研究发现，超过两成接受“分层支援教学模式”协助的学童，一年后其中文程度已可达平均水平，成效令人鼓舞。此模式更喜获教育局采用，在约二百间小学推行，并为全港近半数小学提供相关校本支援服务。此外，约七千五百名幼儿园及小学教师透过培训，提升教导读写障碍或有此倾向的学生之技巧。“喜阅写意”研发的教材套系更被“台湾第一社会福利基金会”采用，并派发予台湾教师、家长及非政府组织。

（八）“共创成长路”赛马会青少年培育计划

“共创成长路”赛马会青少年培育计划由赛马会慈善信托基金主导，于2005/2006学年开始推行，现有超过24万名青少年受惠。本着促进青少年全人发展的信念，计划认为培育青少年的自我认同感、建立健康信念和价值观、增强其自信心，并灌输责任感，以应付成长路上的各样挑战，较之追求学问同样重要。

第二节　日本赛马会的公益性事业[1]

日本中央竞马会对赛马资金的使用有着严格的规定。日本专门制定有赛马法和赛马实施章程，对赛马中涉及到的各种问题和公益性事业均做了法律规定。现将有关法律法规部分内容摘录。

一、富余资金的运用

除法律规定的外，任何机构使用竞马会的富裕资金均要征得农林水产大臣（相当于中国农业部）的批准。竞马会采用下列方法以外的方法运用业务上的富余资金时，须得

[1]　资料来源：日本中央竞马会 http://www.jra.go.jp/

到农林水产大臣的批准。富裕资金一般会存入金融机关、购买国债及其他农林水产省令中规定的有价证券。

（一）国库缴纳金

竞马会会根据政令的规定，将每次竞马赛事后剩余额的百分之十的金额上缴国库。此外，竞马会每事业年度会根据政令的规定，将该业务年度盈余资金的二分之一的金额上缴国库。

（二）损失弥补准备金

竞马会每事业年度须积存盈余资金的十分之一以上的金额作为损失弥补准备金至政令中规定的金额。此部分准备金不能挪作他用。

（三）特别公积金

竞马会完成上缴国库金额及准备金后仍有剩余时，须将所有剩余金额积存作特别公积金。

（四）特别振兴资金

竞马会设立特别振兴资金。特别振兴资金相关的会计事务与普通会计事务分开管理。特别是振兴资金运用过程中产生的利息，以及伴随该资金运用或者使用产生的收入，直接用作振兴资金。

二、畜产振兴事业等

农林水产省令所规定的事业为农业协同组合、农业协同组合联合会、渔业协同组合、渔业协同组合联合会、森林组合、森林组合联合会，上述组织为其股份公司、中小企业等协同组合、根据民法规定设立的法人或农林渔业者组成的团体所开展的事业，具体内容如下列各款所示：

其一，畜产经营或技术指导事业。

其二，肉用牛的生产的合理化事业。

其三，鲜牛奶生产的合理化事业。

其四，提高家畜卫生状况的事业。

其五，与畜产技术的研发相关的事业。

其六，与畜产相关的防止公害事业及自然环境的环保事业。

其七，认为会有助于振兴畜产的下列各款所列事业。

①确保农村地区良好生活环境的事业。

②谋求农业管理现代化的事业。

③促进农村地区就业稳定的事业。

④与农林水产业相关技术的研发有关的事业。

⑤与农林水产业有关的防止公害及自然环境的环保事业。

三、谋求振兴竞马的业务

为竞马场及竞马场外的胜马券销售所或兑换奖金交付处（以下称之为“竞马场等”）的入场者以及上述场所周边地区的居民提供便利的设施或系统相关的业务列举如下：

第一，铁路停车场（包括与之整体配备的公路、广场及其他相关设施在内）、主要服务于连通竞马场的公路，以及停车场的设置及改良所需的业务。

第二，收集、分析及传输与停车场的使用状况及公路交通相关信息的系统，信号机、公路标志及公路显示操作系统的开发及改善所需的业务。

①为合理有效地增进对竞马的理解而供普通民众使用的用于保存或展示竞马相关资料或者提供竞马相关信息的设施的设置及运营所需的业务。

②为增加与中央竞马相关的练马师、骑师及协助饲养或训练竞赛用马的人员的福利，可为伤病者的康复提供训练及指导及其他高水平医疗的设施的设置及运营所需的业务。

③为与中央竞马骑师的灾害补偿相关的互助提供帮助的业务。

④与绿地整体配备的提供给普通民众使用的骑乘设施的设置及运营所需的业务。

⑤为给生产或培育具有优越奔跑能力的轻种马提供援助，就轻种马的生产或培育加强农家管理所需的业务。

⑥我国特色马匹及与马匹相关的传统风俗习惯的保全所需的业务。

⑦为谋求竞马事业的健康发展而实施的地方竞马设施及设备的配备所需的业务。

⑧国际竞马的振兴及竞马走向国际所需的业务。

第三章　赛马知识概述

第一节　马匹竞赛类型

马匹竞赛类型主要包括平地赛马、跨栏赛马和奥运会马术比赛以及轻驾车快步赛、长途耐力赛等。目前国际上对赛马和马术竞赛的概念没有一个统一的界定，按照字面解释，有关马的比赛都称为马术比赛，但由于速度赛马马彩的流行，速度赛马已从马术的概念中分化出来。本书中主要探讨的赛马是指以竞速、马彩为目的的各种距离平地赛马、轻驾马车赛等。

一、平地赛马

纯血马比赛是目前世界上最流行的速度赛马类型，在世界大多数发展赛马的国家都会出现此类型的赛事。通常，赛事距离在1000米至2400米不等，也有距离更长或更短

图3-1-1　平地赛马（源自东方马城）

的比赛，国际赛马联盟按 SMILE 系统将赛事分为五种类型。而场地一般为沙地和草地，其中沙地使用范围最广。其他场地还包括泥地，经人工改造与泥地相似的全天候跑道，纤维沙地等。

二、跨栏赛马

跨栏赛马是需要马跳过指定栏数的赛事。此赛事在英国发迹，并扩展至全世界。路程通常较平地赛远，最短程的赛事也有 2000 米以上。场地与平地赛马差不多，主要比赛场地以草地为主。另外，由于需要马匹跳越栏架，如果脚法不对的话，很容易在跨栏时受伤。

图3-1-2　跨栏赛马
（源自http://www.39yst.com/20141016/185955.shtml）

三、奥运会比赛项目

（一）花样骑术

又称盛装舞步骑术赛。比赛时，马和骑手要在长 60 米、宽 20 米的场地内用 12 分钟的时间完成一系列规定动作和自选动作。以骑手完成动作的姿势、风度、难度等技巧和艺术水平评分，得分高者名次列前。花样骑术个人赛于 1912 年被列为奥运会比赛项目，团体赛于 1928 年被列为奥运会比赛项目。

盛装舞步被形容为马的芭蕾表演。选手在 60 米 ×20 米的场地里进行三轮比赛，通过马匹在规定时间内作出行进、疾走和慢跑等规定动作来展现马匹和骑师的协调性、马匹的灵活性以及马匹对骑师的驯服程度，力求给裁判和观众留下马匹完全是在自己的意志下完成动作的印象。

首轮比赛分两天进行，将决出盛装舞步团体赛的名次和首批 25 个进入第二轮的名额。第二轮难度增加、时间缩短，将产生 15 个进入第三轮的选手和马匹。第三轮是自选动作，骑师和马匹可以在音乐的伴奏下做出各种动作，以骑师和马匹的技术以及马匹的艺术表现力来决定最终的名次。

（二）三日赛

又称综合全能马术赛。骑手在 3 日内连续参加 3 项比赛，第一天为花样骑术，第二天为越野赛，第三天为障碍赛。以 3 项总分评定名次。分个人赛和团体赛两个项目，1912 年被列为奥运会比赛项目。

三日赛中，第一天进行盛装舞步的比赛，基本包括步伐和步幅姿态等，盛装舞步赛与单项盛装舞步赛规则相同，但是三日赛中的盛装舞步要比单独的盛装舞步比赛简单得多。第二天进行速度、耐力和越野能力比赛，即越野赛——越野赛全程由 4 个区间组成，骑手必须在规定的时间内到达终点，根据所用的时间长短来评定名次：第 1 区间和第 3 区间均为 20 公里，要求骑手速度为平均每分钟 240 米；第 2 区间为越野障碍赛，赛程为 3600 米 ~ 4200 米，其中每 1000 米设置三个篱栅式障碍，要求速度为平均每分钟 600 米；第 4 区间为越野赛，赛程为 8000 米，其中每 1000 米设置 4 个不同的障碍物，要求速度为平均每分钟 450 米。根据骑手失误罚分和超时限罚分来评定这四个区间总成绩。第三天进行的是场地障碍赛，内容基本上和场地障碍赛的单项比赛相同，只是程度要浅一些；场地障碍赛主要测验马匹的体能和顺从程度，沿途设置 10 ~ 12 个障碍，要求速度为平均每分钟 400 米，其中必须有三分之一达到最高限的障碍和一个水沟障碍。裁判员根据骑手失误罚分和超时限罚分来评定成绩，以 3 项总分评定名次。

（三）障碍赛

马术场地障碍比赛是在长 90 米、宽 60 米的沙地或草地内进行。场内设置 10 ~ 12 道不同形状的障碍，其中有一道为双重障碍、一道为三重障碍。障碍的高度在 1.2 米 ~ 1.4 米之间。场地障碍赛要求运动员骑马必须按规定的路线、顺序跳越全部障碍。碰落障碍、超过规定时间、马匹拒跳以及运动员从马上跌落等都要罚分。最好成绩为零分，罚分少者名次列前。资格赛是每一对马匹、骑手组合跳跃三轮争夺资格的比赛。参赛者在资格赛中获得前 45 名，进入 A 路线的决赛。该轮中的前 20 名（以及并列第 20 名）争夺 B 路线的决赛资格。结果的计算是两轮得分相加。前三名若出现并列，则进入复赛，使用

B 路线的 7 道障碍。如果得分仍相同，则复赛中用时最少的参赛者获胜。奥运会有个人赛（1900 年列入）和团体赛（1912 年列入）两个项目。

四、轻驾马车赛

轻驾马车赛是马车驾驭赛(Driving)的一种。马车驾驭赛是马术运动比赛项目之一，主要有：四轮马车赛和轻驾车赛（二轮马车赛）。

第一，四轮马车赛是国际马术比赛项目，主要包括三类比赛：

①驾驭调整测验。是针对马匹、挽具、车辆出场的动态仪表，运动的姿势，马匹步态的自由规范，动作的协调、轻盈、均匀及躯体的冲动感以及骑手的驾车方式和车马的调度所进行的比赛。

②马车马拉松赛。针对马的耐力和适应能力，马的步调和驭手的指挥调动能力等所进行的比赛。

③驾车通过障碍赛。针对驭手的技术水平和竞技状态以及马匹在马拉松赛后的适应能力和服从程度进行的比赛。

以上三种比赛中，①类和③类比赛在马场进行，②类在具有天然和人工障碍的分段道路上进行。

图3-1-3　四轮马车赛（源自中国马友联盟）

第二，轻驾车赛是由一匹特定的马匹拖着一辆双轮车，由骑手坐在赛车上驾驶马匹小跑进行比赛，轻驾车赛是在椭圆形跑道上进行的速度比赛，比赛所用步法为快步或对侧步。一般跑道可容 8 ～ 12 辆马车出赛。

图3-1-4　轻驾马车赛
（源自http://blog.sina.com.cn/s/blog_4b1800bf0101bptc.html）

五、长途耐力赛

耐力赛是根据不同的越野比赛距离分为四个星级的级别。一星级为初级比赛，要求骑手和马匹在规定时间内完成至少 80 公里的比赛距离。四星级为最高级别，要求骑手和马匹要在单日赛中完成 160 公里的赛程。在耐力赛比赛过程中要在一定的距离上按照规定对马匹进行强制的兽医检查和定时休息。比赛成绩是根据比赛行进用时和心跳恢复正常用时相累加得到，这是有别于速度赛和中国民族耐力赛的重大区别。

图3-1-5　长途耐力赛（源自搜狐网）

第二节　赛马评磅评分

赛马赛事平台的主要任务之一是为赛事提供一个公平公正的竞赛环境，在速度赛马中，每匹马的运动能力强弱有差别，每位骑师的体重也不尽相同，为了让不同的马匹与骑师的组合在赛事中能够达到统一，尽可能地公平，便出现了负磅和分班制度。

一、负磅（也称配磅，一般分为3种）

第一，按照马的年龄所决定的负磅重量。按照马的年龄进行配磅是各地根据马的生理特征和多年经验结合本地区马匹的特点决定的，每个国家或地区的赛马组织机构对马匹的配磅标准都不同，但基本都是参照英国赛马配磅标准进行制定的。

下表是日本中央竞马会规定的按照马的年龄所决定的负磅标准：

表3-2-1　负磅标准

比赛的种类	马的年龄性别	2岁		3岁	
		9月以前	10月至12月之间	9月以前	10月至12月之间
平地比赛	雄马和骟马	54公斤	55公斤	56公斤	57公斤
	雌马	54公斤			55公斤

第二，根据“让磅”标准来决定的负磅重量。

以下是香港的“让磅”标准（1 磅≈ 0.45 公斤）：

①在所有让磅赛事中，最高负磅规定为 133 磅（60 公斤），而最低负磅则不得少于 113 磅（51 公斤）。

②北半球出生及南半球出生的两岁马（以 12 月 31 日计算）在竞逐让磅赛时，可获分龄让磅五磅（2 公斤）（如适用者）。

③获让五磅（2 公斤）分龄让磅的马匹，可报名参加评分上限低于其本身评分不逾五分的让磅赛事。

第三，按照马的年龄、性别、获得奖金的数量、得胜的次数等赛马中所规定的条件算出的负磅重量。此种方式的负磅重量需要综合各种因素在计算的基础上获得，每个国家和地区均存在一些差异性。

二、赛事班次

在香港，赛事共分为五个标准赛事班次，另外还设有分级赛事及新马赛事。下表为各个赛事班次的标准评分上限。

表3-2-2　评分标准

赛事班次	标准评分上限
第一班	120
第二班	100
第三班	80
第四班	60
第五班	40

三、评分调整

赛事秘书处会在每匹马竞赛后，根据马匹的表现给予一定的分数调整。以香港为例，获第二至第五名马匹的评分增幅最多为 5 分；只有马匹在香港有出赛的首季内，获第二至第五名的评分增幅最多则为 10 分。

四、马匹首度评分

在香港，新进马匹的评分安排如下：

其一，出赛过的马匹：已经出赛过的马匹将根据香港赛马会评磅员对其海外出赛成绩的评核获得首度评分。

其二，参加过比赛的自购新马及国际马匹拍卖会新马。

①凡是没有参加过比赛的自购新马及国际马匹拍卖会新马，于 12 月 31 日年龄届满

3 岁的，在抵达香港后将根据其出生地获评 57 分（北半球出生）或 52 分（南半球出生）。

②凡在南半球出生的没有参加过比赛的自购新马及国际马匹拍卖会新马，于 12 月 31 日年龄届满 2 岁的，均可参加新马赛事。

③凡在北半球出生的没有参加过比赛的自购新马及国际马匹拍卖会新马，于 12 月 31 日年龄届满 2 岁的，均可参加新马赛事。此外，自 1 月 1 日起，此类马匹将可参加其他赛事班次的让磅赛。首次报名参加让赛时，此类马匹即会获得评分；若该马匹没有出赛过，其首度评分为 57 分；若该马匹曾经出赛过，其首度评分或会予以调整。此类在北半球出生的马匹一经获得评分，即再无资格参加新马赛事，但有特别条款许可的除外。

其三，出场新马赛事的马匹将立即获得评分。

其四，6 月 1 日之后，练马师可选择要求曾胜出一场新马赛事的马匹立即获得评分。

其五，所有已获评分的马匹，均没有资格参加新马赛事，但有特别条款许可的除外。

其六，曾胜出的新马的最低首度评分为：北半球 3 岁马 60 分，南半球 2 岁马 55 分。

其七，未尝胜出但曾获第二、第三或第四名的新马，首度评分最高为 60 分；曾出赛但未尝获前 4 名位置的新马，首度评分最高为 57 分。

其八，所有未获评分的新马均会于马季结束后获得评分。

其九，赛季末时，未尝出赛新马将根据其出生地获首度评分 57 分（北半球出生）或 52 分（南半球出生）。

第三节　赛事类型

一、赛事距离

（一）短距离赛事

短距离赛也称为速度赛，指竞赛距离在 1600 米（即 1 英里，1 英里 =1609.344 米，在国外为 1 英里，国内取整数）以下的赛事。常见的竞赛距离有 1000 米、1200 米、1400 米等。短距离赛事一般考验马的速度，此外，在标准的赛道上进行速度赛马竞赛时短距离赛事只经过一个弯道。

（二）长距离赛事

长距离赛也称为耐力赛，指竞赛距离在1600米及以上的赛事。常见的竞赛距离有1600米、1800米、2000米、2200米、2400米、2500米等。长距离赛事一般考验马的耐力，此外，在标准的赛道上进行速度赛马竞赛时短距离赛事要经过二个弯道。

二、赛事级别

不同国家和地区对于赛马的级别定义不同，例如，美国对赛马的赛事级别定义如下：

（一）新马赛事

新马赛事（也称处女赛）是专门针对符合竞赛条件，但从出生以来从未参加过正式比赛的马匹，新马赛事又分为两种类型：

1. 新马预购赛

新马预购赛指赛马开始前，买主可以按价预买下马匹的赛事，这类马匹在新马预购赛中便开始了其职业生涯，但是由于这些马与马主和练马师之间的关系不明确（不确定哪位马主会购买某马匹，也不确定其今后将有哪位练马师进行训练），因此，这类马的预购价格均比较低。

2. 新马特别赛

新马特别赛是所有新马赛事中最高级别的赛事。进入新马特别赛的马匹将会受到保护，任何马主不能再对特别赛中的马匹进行购买。这种赛事对于马匹年龄、性别、赛道等级、赛事距离等多种因素均有严格的要求。这类赛事中，练马师起着非常重要的作用，因为只有他知道他所训练的马匹具有什么样的特点，例如，马匹是适合短距离还是长距离，沙道还是草道等。

（二）预购赛

在预购赛中，所有的马匹均可以按价被购买。本赛事与新马预购赛不同，新马预购赛是只能预先购买，相当于付订金，但此赛事是可以将马匹买走。在预购赛中想要购买马匹有两个条件，马主许可证和拥有足够资金的马主账户。

1. 预购赛中的条件级别

由于预购赛中涵盖许多类别的马匹，为了保证公平性，赛事办公室会在预购赛中作出各种条件的规定。例如，如果一匹新马在新马预购赛中的标注价格是12500元，而让其直接参加价格为 10000 元的预购赛，那么这匹马可能会一败涂地，因为，虽然在新马预购赛中该马有较好的成绩，但是进入到预购赛级别后它所面对的选手（这些马匹均赢得过多次的第一名）比它更加厉害，所以不占任何的优势。

为了修正这种不公正性，赛事秘书处对刚从新马预购赛进入到预购赛的马匹作出了一些级别规定，让它们能够在公平的环境中竞争。具体的做法是将所有的在新马预购赛中胜出的马匹放在一起进行竞赛，由于这些马匹均只在新马预购赛中获得过一次第一名，所以，它们的条件是相同的。

2. 预购赛中的升级

当马匹在预购赛中表现优异并且赢得了比赛，那么练马师会在预购赛中将这些马匹提高一个级别。进入高一级别的马匹可能会出现以下的几种情况：

①马匹可能在此级别的运动能力已经到达了顶峰，随着赛事的进行其运动能力相对于同级别的其他马匹会下降，这类马匹会进行降级。

②马匹可能非常适应此级别，每场赛事表现稳定。

③马匹具有更强的运动能力，这类马匹会让其进入到让磅赛。

④更有一些马匹的实力超强，它们可能会直接跳级，直接从预购赛跳到让磅赛或者有奖赛。通常这类马匹是下注的焦点马匹，因为此类马匹的赔率一般都比较高。

3. 预购赛中的降级

当马匹在预购赛的级别中持续性地下降时，说明该马匹存在一些身体上的问题。这些马匹的连续降级说明它们在训练中表现不好，或者饮食等方面出现了问题，也就意味着它们在训练和竞赛中并不能保持良好的竞赛状态。

如果哪个马主不小心预购了这类马匹，那么他不得不长期忍受这种状况，直到马匹能够恢复到较好状况。有时，这类马匹可能永远都不会恢复，那么，马主只能自认倒霉。作为一个马迷，如果下注此类马匹，那么你将输得血本无归。例如，当看到某匹马从 40000 元的预购赛事进入到 10000 元的预购赛事进行竞赛，那么这种状况下就要质疑一下这匹马是否存在问题。

（三）非售赛

如果马匹经过新马预购赛和预购赛，那么它便进入非售赛。非售赛也就意味着马匹在该类型的赛事中是不进行出售的，毕竟，此类马匹的马主和练马师在其身上进行了大量的投资，它们想获得更多的收益。非售赛分为三个级别：让磅赛、可选预购赛、试闸赛。其中让磅赛级别最高，试闸赛级别最低。

（四）有奖赛和负磅赛

有奖赛和负磅赛是赛马的高级别赛事，参赛的马匹是最优秀的马匹。这些马匹遇到的对手多是其他马场的同级别的马匹。有奖赛和负磅赛分为：一级有奖赛、二级有奖赛、三级有奖赛、低级别有奖赛、限制级有奖赛、夜赛等几种类型。

1. 一级有奖赛

一级有奖赛是全美国级别最高的赛事。例如：三冠王（包括肯塔基德比大奖赛、潘瑞克尼斯大奖赛、贝尔蒙大奖赛）赛事就属于一级有奖赛。一级有奖赛是全美所有冠军马在一起进行角逐的赛事，也是奖金额度最高的赛事。

2. 二级有奖赛

二级有奖赛比一级有奖赛稍低，但二级有奖赛仍然吸引了大批实力超强的马匹。有奖赛的级别会根据情况进行升降。例如，如果二级有奖赛经常性地有一级有奖赛的马匹参与其中，那么此类二级有奖赛待来年会升级为一级有奖赛。

3. 三级有奖赛

此级别赛事由于奖金较低，所以吸引优秀马匹的数量较少。但是，这种赛事仍然火热，主要是由于在美国有大量的马匹需要参赛，只有经历过这种级别的赛事，才能挑选出更优秀的马匹进入二级和一级有奖赛。在美国，三级有奖赛参赛马匹的数量比一级都要多。

4. 低级别有奖赛

大部分的有奖赛没有一、二、三级之分，但不意味着参与其中的马匹不具有实力。相反，大多数的马场会举办低级别有奖赛，在小型马场，低级别有奖赛非常受欢迎，而且会吸引大量的马匹进行角逐。此外，低级别有奖赛也是马匹进入有级别（一、二、三级）有奖赛的海选之路。

5. 限制级有奖赛

限制级有奖赛是专门为某些州出生的马匹设置的一种有奖赛事。例如，加利福尼亚饲养杯有奖赛是专门为该州出生的马匹举办的有奖赛，其他州出生的马匹不得参加。

6. 夜赛

这种有奖赛会提前三天进行公布。某种意义上来说，夜赛相当于高级别的让磅赛，这种竞赛比让磅赛设置的奖金要高。对于大多数的有奖赛来说，马匹要参赛就必须在赛事开始前一至二个月缴纳一定的报名费用，否则就没有资格参加有奖赛，这种措施可以让马主积极准备赛事，进行市场宣传和推广，有利于提高赛事的知名度。

（五）冠军联合赛

即使马匹非常优秀，能够进入到有奖赛和负磅赛，但它们仍然与顶级赛事（三冠王大奖赛和育马者杯大奖赛）有一定差距，如果马匹参加了这些赛事，那么这些马匹绝对是运动之星。

1. 三冠王大奖赛

三冠王大奖赛仅允许 3 岁马匹参加。参赛的顺序依次是肯塔基德比大奖赛、潘瑞克尼斯大奖赛和贝尔蒙大奖赛。要想进入三冠王的首站肯塔基德比比赛，这些 3 岁马必须在预赛的有奖赛中表现优异，否则将没有资格参加三冠王赛事。三冠王的预赛属于一级有奖赛，奖金高达 500000 至 750000 美元。

2. 育马者杯赛

1980 年代初，鉴于美国赛马活动的受欢迎程度下降，马主及马匹生产者 John R. Gaines 想出一天内举行多项一级赛事的节目来吸引马迷，于是在 1982 年成立了育马者杯有限公司，负责筹办育马者杯赛事。比赛通常于 10 月下旬在美国的不同马场上单日举行，首届于 1984 年举行，育马者杯赛事的国际影响同三冠王赛事一样非常巨大。育马者杯的赛事组成如下：

表3–3–1　育马者杯赛事组成

赛事名称	分级	出赛限制	距离	总奖金（美元）
两岁马短途大赛	无	两岁	六化郎	50万
两岁雌马草地大赛	二级赛	两岁雌马	一哩草地	100万
雌马短途大赛	一级赛	三岁或以上雌马	七化郎	100万
两岁雌马大赛	一级赛	两岁雌马	一又十六分一哩	200万
雌马草地大赛	一级赛	三岁或以上雌马	一又八分三哩草地	200万
雌马经典大赛	一级赛	两岁或以上雌马	一又八分一哩	200万
马拉松锦标	二级赛	三岁或以上	一又四分三哩	50万
新马草地大赛	一级赛	两岁	一哩草地	100万

续表

赛事名称	分级	出赛限制	距离	总奖金（美元）
短途大赛	一级赛	三岁或以上	六化郎	200万
草地短途大赛	二级赛	三岁或以上	五化郎	100万
草地大赛	一级赛	三岁或以上	一又二分一哩草地	300万
泥地一哩大赛	一级赛	三岁或以上	一哩	100万
两岁马大赛	一级赛	两岁雄及阉马	一又十六分一哩	200万
一哩大赛	一级赛	三岁或以上	一哩草地	200万
经典大赛	一级赛	三岁或以上	一又四分一哩	500万

（来源：http://zh.wikipedia.org/wiki/ 育马者杯；备注：furlong，英制单位，翻译为化郎、浪、弗隆，指八分之一英里）

第四节　巴黎共利法

一、概述

赛马互动游戏的形式主要有庄家和巴黎共利法两种形式。此两种形式目前在赛马界均存在，但以巴黎共利法为主且有取代庄家的趋势。

（一）庄家

巴黎共利法（也叫同注分彩下注系统）出现之前，赛马游戏下注方式一般由庄家来完成。庄家本质上是处理下注的商业人士或公司——主要在赛马及其他体育运动上。庄家的形式与中国的押宝极为相似，最简单的比喻就是猜单双，庄家进行摇骰子，下注者可以选择在单数或者双数方投放资金，最终以骰子点数的单数还是双数决定胜负。庄家在美国已经属于非法，但在世界的其他地方仍然属于较受尊重的行业。

赛马早期,对于单场单马类型(见后面章节)的下注类型如:独赢、位置、三甲(show)进行资金的计算是很容易的事情，但对于较为复杂的下注进行资金计算与分配比较困难，由于赛马互动游戏早于电脑的问世，复式的下注牵扯的计算量太大，利用人工进行完成不现实，所以早期的下注形式一般都比较简单，并且主要是靠庄家进行。庄家的利润来源于胜马的分红，赌资的剩余部分被用来再次投入，也就是说玩家只用投钱，其他的事情全部交由庄家完成。

在19世纪90年代末期，庄家在美国赛马业中非常流行。赛马场上，他们通过每天支付一定的费用而获得进入马场的权利。场下，庄家的操作在彩池房、雪茄店和商店库房进行，这种行为受到法律的保护。接下来，由于庄家欺骗其客户而臭名昭著。他们通过西部联盟从赛马场获得信息，因为他们知道赔率、时间及结果，他们通过提供比马场提供的低赔率来欺骗马迷。他们还通过赛事完成后撤走赌资，欺骗马迷在已失利的马匹身上投入资金,这种情况在以前有记载。庄家还通过贿赂赛马俱乐部来获得更多的利益。庄家的这种令人愤怒的行为被公众所知，政府也持反对态度。20世纪早期，反投机行为在美国展开，迫使政府关闭马场。庄家形式的下注在美国已被列入非法行为。

在英格兰，由于庄家的兴盛而使英国的赛马非常的有活力。在美国之外，成为庄家是非常受人尊重的。庄家公司之间的竞争也相当的厉害，所以，马迷才是真正的赛马游戏参与者。英国的多数庄家会通过网络来寻找新的客户。大部分的庄家公司都非常的出名，例如bat365，bet direct，premier bet，gamebookers，sporting options等。

（二）巴黎共利法

赛马互动游戏的方法是在几百年的历程中，逐步发展和完善起来的。庄家的危害性无法控制，也不值得参与者信任。到1869年，在法国巴黎，一种新的赛马奖励法由法国人乔瑟夫·奥雷提出，称“巴黎共利法”（parimutuel）或者称为“同注分彩下注系统”，此法得到普遍认可，逐渐被世界上的赛马场所采用，由于该方法具有非常公正公平的特点，所以一直到今天这种分配原则一直在使用。

巴黎共利法实际上是一种彩金的分配方式，随着信息技术的发展、计算机技术的广泛运用，巴黎共利法的分配方式通过软件实现后运用在世界各地的各个大型马场。巴黎共利法的的原理同日常所见的棋牌室是一个道理，例如，四人在棋牌室打麻将，除去台位费由四人均摊外，所有的资金都是四个人之间的相互转移而与其他人无关。当然，棋牌室的操作方式跟赛马场是有区别的，棋牌室中是胜负决出后相互结账，而赛马场是先将金钱按某种方式提交给马场，结果出来后再对除去回扣后的资金进行分配。

二、巴黎共利法的优点

第一，所有资金会被聚集在一起，按照下注类型的不同分成不同的彩池，每个彩池中的总资金会按照国家的税务要求和马场需求扣除一定比例的资金，剩余的资金会平分给获胜的下注者。

第二，从彩池中抽取的税务资金一般会用于社会的福利事业、农业、体育业等其他需要扶持的产业，例如，香港赛马会的大部分资金都用在的慈善事业上。这是一种取之于民用之于民的形式。

第三，马场提取的资金会被用来维护马场的运营、员工的工资、场地设施的维护等方面。

第四，剩余资金会按照获胜者投入资金的多少进行合理分配，投入多的马迷获得的派彩也多。

第五，大部分马迷不会中奖，但是他们能够体会到赛马的激情，愉悦身心。

虽然世界各地的赛马业蓬勃发展，但其采取的资金的分配方式大同小异，其分配比率也大致相同，即：总下注额的 70% ~ 80% 返还给下注者中的中奖者；10% 左右由赛马场提取，作为赛马场的运营成本和投资回报；10% ~ 20% 左右作为政府的税收及管理费，有时含马主、骑师和练马师的奖金。在多数国家和地区，被抽取或提取的部分资金有时候被称为回扣。

三、税务

除了按照巴黎共利法的规定抽取部分的资金进行各方面分配外，如果马迷在某次的下注中获取的派彩超过国家规定的数额将会缴纳所得税，所得税在每个国家和地区的比例均不相同。

例如：假设某个国家规定当某张彩票以 10 元的下注获得的派彩超过 500 元时便需要交纳 10% 的税费，那么，如果某马迷利用单价为 2 元的独赢下注形式一次性在一张彩票下注 10 元且获得了胜利，获得派彩为 520 元，那么，该马迷就需要交纳 52 元的税费。当然，也有很多合理避税的方法，例如，马迷可以以 2 元一张的彩票连续购买 5 张，那么，这 10 元钱就不在一张彩票上，且单张彩票的金额不会超过 500 元，这样就不会交纳税费，这是一种合理避税而不是偷税、漏税的违法行为。

第四章　公益性赛马游戏的互动方法

一般情况下，比赛日中每天会举行 8 到 10 场的比赛，有的马场在一天内会举办高达 15 场的赛事，每场出赛的马匹数量为 14 匹，如果某场出赛的马匹超过 14 匹，那么这场赛事被称为特殊赛事。特殊赛事的处理在不同的国家和地区有不同的处理方式，第六节中将进行详细描述。

第一节　单场单马

单场单马下注类型指的是以单个场次的赛马为载体，下注类型中所包含的马匹为一匹马的下注方式，常见的单场单马的下注类型如下：

独赢（win）：指在一场由 2 匹或以上出赛马匹的赛事中猜中第一名马匹。

位置（place）：指在一场由 4 匹、5 匹或 6 匹出赛马匹的赛事中猜中第一名或第二名马匹。即，猜中前两名中的任意一匹。

三甲（show）：指在一场由 7 匹或以上出赛马匹的赛事中猜中第一名，或第二名，或第三名马匹。即，猜中前三名马匹中的任意一匹。

图 4-1-1　单场单马下注演示图（源自日本中央竞马会）

例如：上图的赛事中获得前三名的分别是 3 号马、16 号马、14 号马。如果以“独赢”的下注类型进行下注，则猜中 3 号马的马迷即可获得派彩；以“位置”的下注类型进行下注，则猜中 3 号马或者 16 号马的马迷均可获得派彩；以“三甲”下注类型进行下注，猜中 3 号马或 16 号马或 14 号马的马迷均可获得派彩。

第二节　单场多马

单场多马下注类型指在一场赛事中猜中 2 匹或 2 匹以上马匹的下注方式，目前国际上常见的单场多马下注类型包括以下几种：

连赢：指在一场赛事中猜中第一名和第二名，不分顺序。

位置 Q：有 7 匹或以上出赛马匹的赛事中，以不计顺序的方式选中前 3 名中任何两名。

正序连赢：也叫二重彩，指在一场赛事中按顺序猜中第一名和第二名。

单 T：指在一场赛事中猜中第一名、第二名及第三名，不分顺序。

三重彩：指在一场赛事中按顺序猜中第一名、第二名及第三名。

四连环：指在一场赛事中猜中第一名、第二名、第三名及第四名，不分顺序。

四重彩：指在一场赛事中按顺序猜中第一名、第二名、第三名及第四名。

例如：某场赛事中马匹的名次依次为 5、7、9、8、3、2、10、12、13、1、4 号马，则，连赢为 [57]；位置 Q 为 [57、59、79][1]；正序连赢为 [5 → 7][2]；单 T 为 [597]；三重彩为 [5 → 7 → 9]；四连环为 [9587]；四重彩为 [5 → 7 → 9 → 8]。

第三节　多场赛事

孖宝：在指定的两场赛事中均猜中第一名马匹。[安慰奖：在指定的两场赛事中，第一场猜中第一名而第二场猜中第二名]。

三宝：在指定的三场赛事中均猜中第一名马匹。[安慰奖：在指定的三场赛事中，前两场猜中第一名，第三场猜中第二名]。

孖 T：在指定的两场赛事中均以不计序的形式猜中前一、二、三名马匹。

---

[1] “⇔”在本书中表示在填写马券时不分先后顺序。

[2] “→”在本书中表示在填写马券时严格按顺序填写。

孖 Q：在指定的两场赛事中均以不计序的形式猜中前两名马匹。

三 T：在指定的三场赛事中均以不计序的形式猜中前一、二、三名马匹。[安慰奖：在指定的三场赛事中以不计序形式猜中前两场的前一、二、三名]。

六环彩：在指定的六场赛事中，每一场均猜中第一名或第二名马匹。

六宝奖：在指定的六场赛事中，每一场均猜中第一名马匹。

第四节　过关与混合过关

过关指马场让下注者选取两场至六场赛事作为过关关次（场次），每关（场）以相同的彩池（下注方式）进行下注，而前一关获得的派彩金额自动下注到随后选中的关次上。可供过关下注的彩池包括“独赢”“位置”“连赢”“位置 Q”“单 T”。单 T 过关并不适用于混合过关，而最多只可过关下注三场赛事。

混合过关的形式大致与过关相同，但马迷可在不同关次中，每关下注不同的彩池（下注方式）。可供混合过关下注的彩池包括“独赢”“位置”“连赢”及“位置 Q”。

下表为澳门提供的过关方法。其中 2X1 读作 2 串 1。M 串 N 的概念，M：指串里包括几场比赛，下表中的 M 最多为 3 场；N：指一共有多少个串，也就是多少注。比如：2 串 1（1 注）、3 串 7（7 注）；任何 M 串 N 的组合串都可以拆解为 N 个 m 串 1（m ≤ M）。例如：2 串 1，即 2 场比赛看成一注，猜错一场全输；3 串 1，即 3 场比赛看成一注，猜错一场全输；3 串 4，3 串 1 为 1 注，2 串 1（3 场比赛两两组合）3 注，共中 4 注。

表4-4-1　澳门过关注数表

过关方法	牵涉场数	过关组合			每注十元所需的最低下注额（元）	领取彩金资格	马匹退出	截止时间
		一关	二关	三关				
2X1 3X1	2 3	— —	1 —	— 1	10 10	所有关次必须胜出	1）只涉及一关之马匹组合可获退款。 2）涉及两关或以上之马匹组合，其注项将自动下注于其后选定场次之马匹组合内，此类注项将不获退款。	首关赛事开跑时截止
2X3 3X7	2 3	2 3	1 3	— 1	30 70	最少须有一关胜出		
3X3	3	—	3	—	30	最少须有两关胜出		
3X4	3	—	3	1	40	最少须有两关胜出		

第五节　高级下注类型

高级下注类型是指以基本下注方法为基础进行的一些特殊规定或数字排列组合。本节以澳门下注类型为例，介绍高级下注类型的相关内容。

一、连赢/位置Q高级下注类型

（一）连赢复式

每次选择马匹的数量多于 2 匹。连赢的基本概念是以不计顺序的方式选中跑进前两名的马匹，按照连赢复式下注的概念，每次所选马匹的数量超过 2 匹，则最终的注数为C_n^2（n ＞ 2）。下图为澳门提供的连赢复式网络下注表格填写例子：

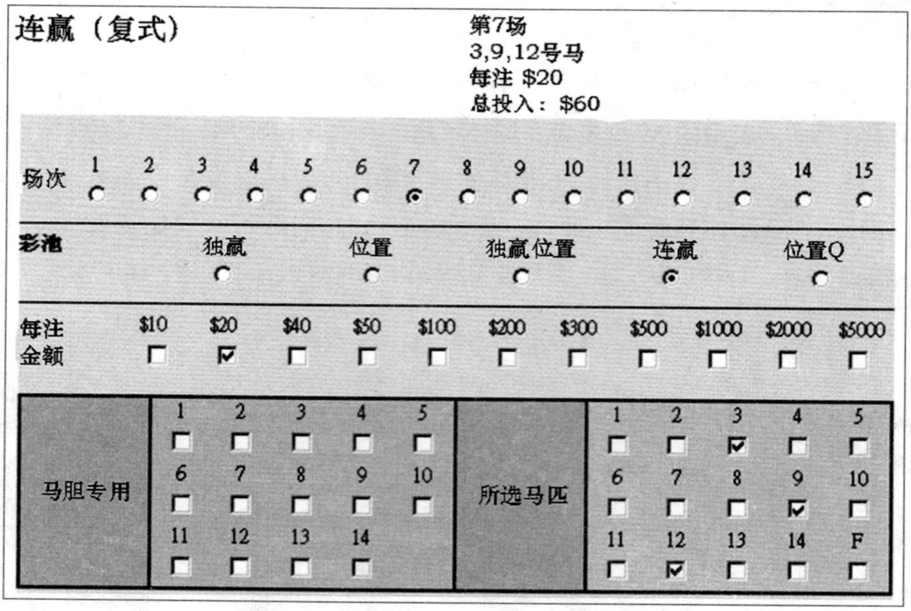

图4-5-1　连赢（复式）

（来源：https://www.macauhorsebet.com/，本节图片均来自该网站）

（二）连赢胆拖

连赢胆拖的意思为，将 1 匹马作为马胆固定不动，然后再挑选其他的马匹（可为多匹马）作为配脚。由于连赢是选 2 匹马，已经选出 1 匹马作为马胆，那么剩余的只能选 1 匹马作为配脚，如果配脚的数量增加，则整个注数就会增加。注数总数为配脚的数量。下图 4-5-2 为澳门提供的连赢胆拖网络下注表格填写例子：

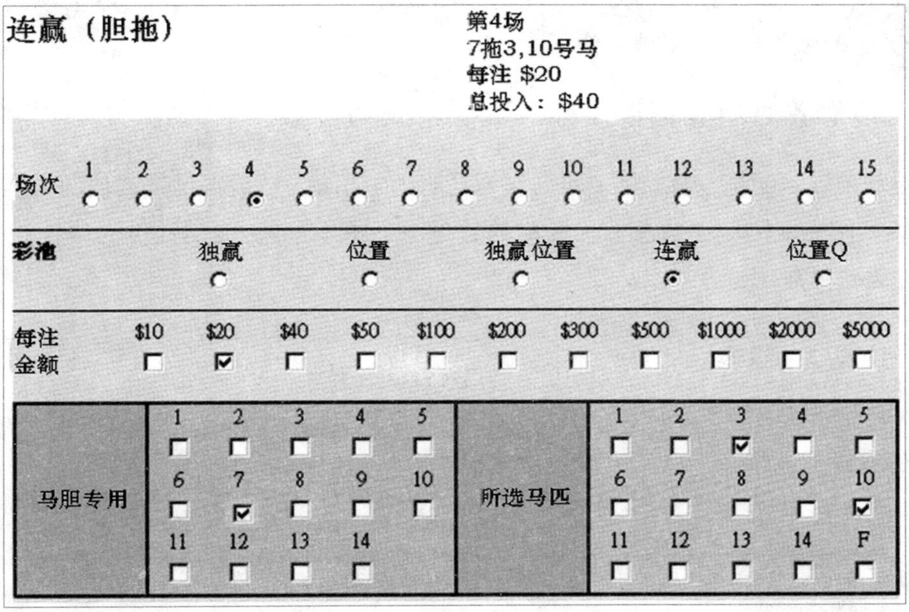

图4-5-2　连赢（胆拖）

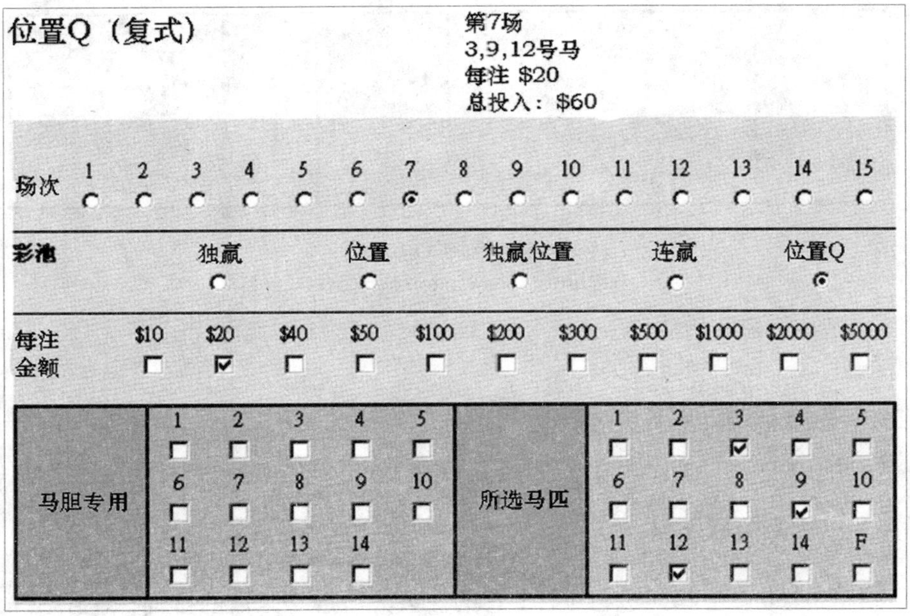

图4-5-3　位置Q（复式）

（三）位置 Q 复式下注

要求所选马匹数量为 3 匹或 3 匹以上，位置 Q 的基本概念为选中跑进前 3 名马匹中的任意 2 匹，则位置 Q 的复式下注的总注数为 C_n^2（n ≥ 3）。图 4-5-3 为澳门提供的位置 Q 复式网络下注表格填写例子。

（四）位置 Q 胆拖下注

原理与连赢胆拖一样，将 1 匹马作为马胆固定不动，然后再挑选其他的马匹（可为多匹马）作为配脚。注数总数为配脚的数量。下图 4-5-4 为澳门提供的位置 Q 胆拖网络下注表格填写例子：

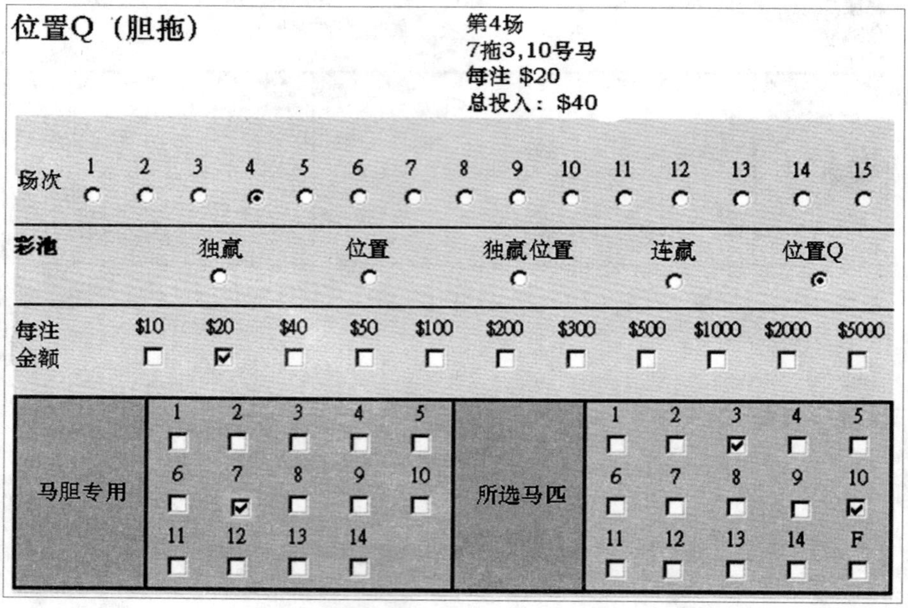

图4-5-4　位置Q（胆拖）
（来源https://www.macauhorsebet.com/）

二、三重彩高级下注类型

（一）三重彩复式下注

即选择 3 匹或以上马匹进行下注，总的注数为所选马匹数的排列，即 A_n^3（n ≥ 3）。下图为澳门提供的三重彩复式网络下注表格填写例子：

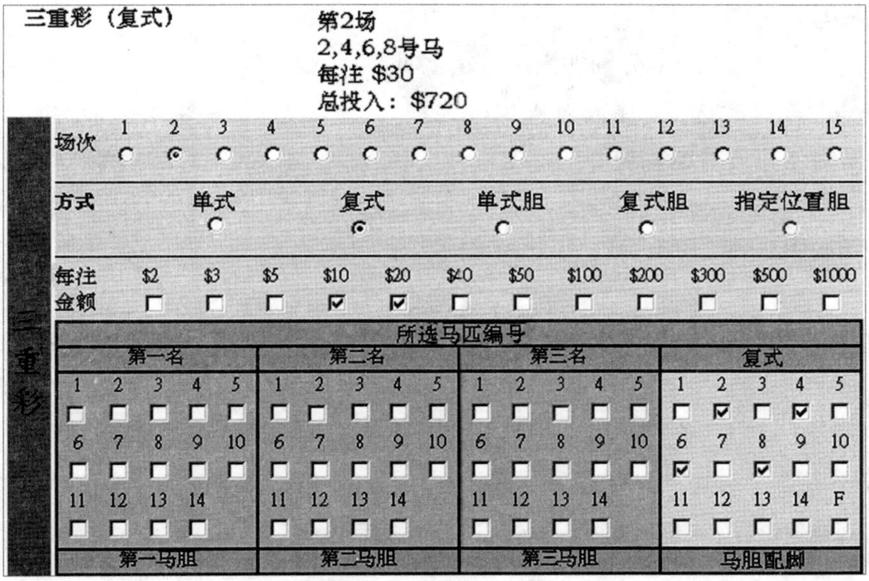

图4-5-5 三重彩（复式）

（二）三重彩马胆下注

1. 一匹马胆

指定跑入第一名，在第一马胆栏选中马胆编号，其他配脚在马胆配脚栏选择，注数为 A_n^2（n 为配脚，n ≥ 2）。下图为澳门提供的三重彩一匹马胆网络下注表格填写例子：

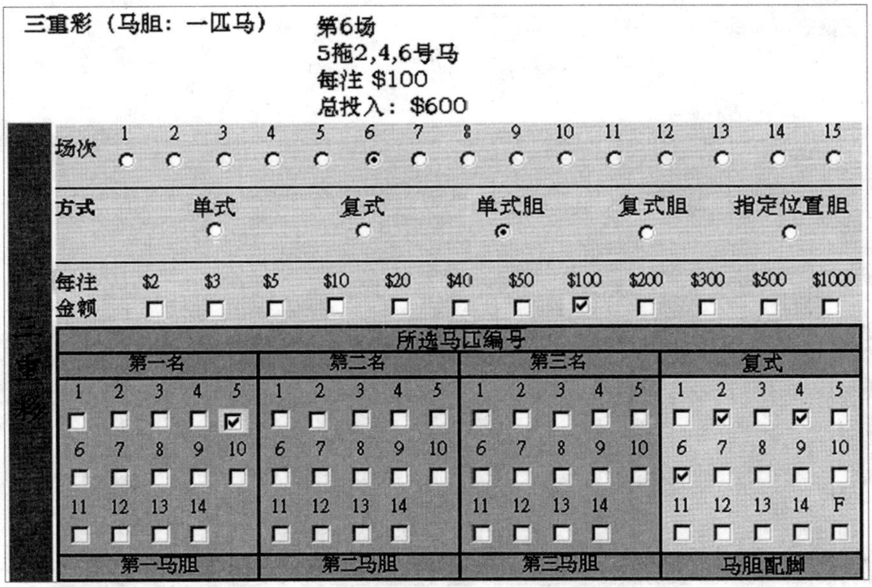

图4-5-6 三重彩（马胆：一匹马胆）

2. 两匹马胆

指定跑第一及第二名，分别在第一及第二马胆栏选中马胆编号，其他两匹或以上的配脚马在马胆配脚栏选择，注数为 A_n^1（n 为配脚，n ≥ 2）。下图为澳门提供的三重彩二匹马胆网络下注表格填写例子：

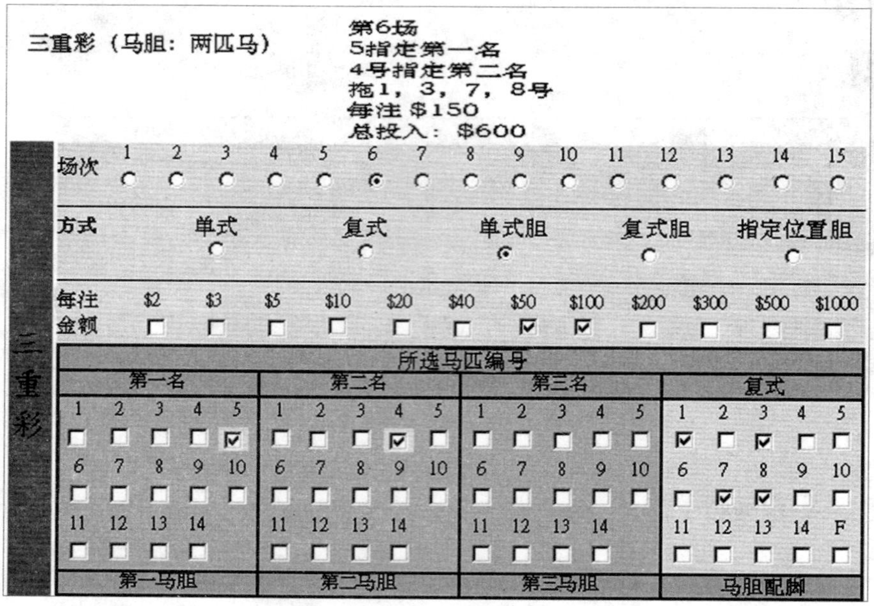

图4-5-7　三重彩（马胆：二匹马胆）

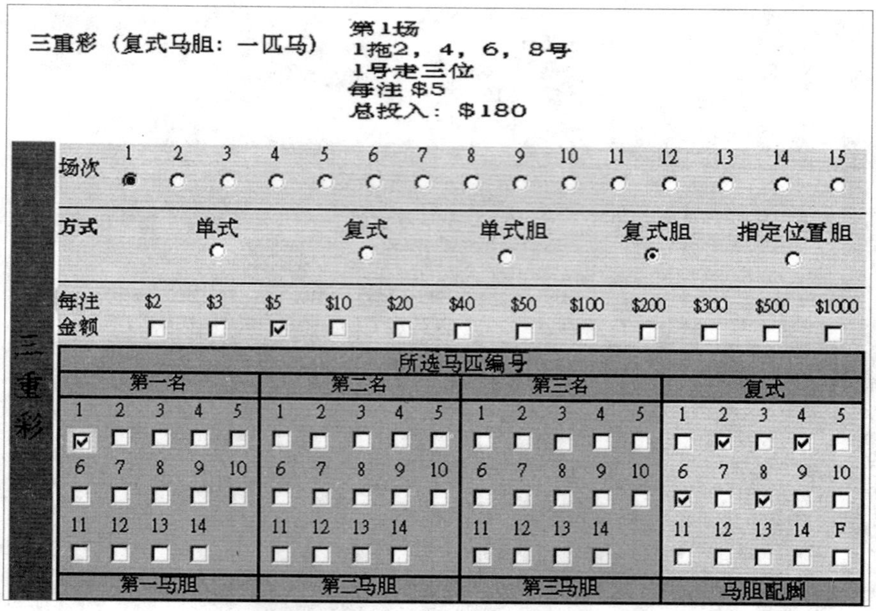

图4-5-8　三重彩（复式马胆：一匹马胆）

（三）三重彩复式马胆下注

1. 一匹马胆

如只有一匹马胆指定跑前三名，在第一马胆栏中选中马胆编号，其他三匹或以上的配脚马在马胆配脚栏选择。上图 4-5-8 为澳门提供的三重彩复式一匹马胆网络下注表格填写例子：

2. 两匹马胆

如有两匹马胆指定跑前三名，所选马胆分开在第一及第二马胆栏选择一个马号，其他两匹或以上的配脚马在马胆配脚栏选择。下图 4-5-9 为澳门提供的三重彩复式二匹马胆网络下注表格填写例子：

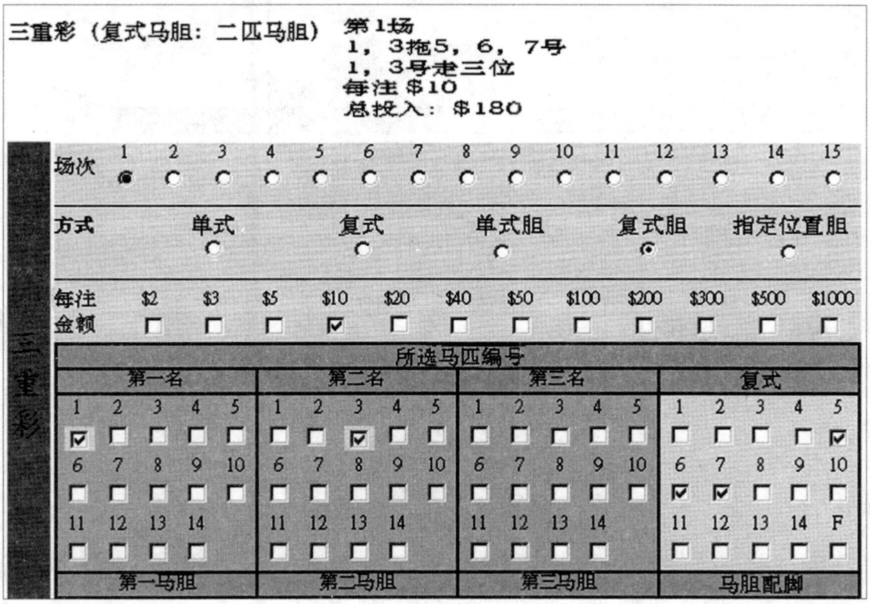

图4-5-9　三重彩（复式马胆：二匹马胆）

（四）三重彩指定位置马胆下注

所选马匹分别在第一、第二及第三马胆栏内顺序选择，最少选择四匹马，每一匹马胆栏可选择一匹或以上的马匹。下图为澳门提供的三重彩指定位置马胆网络下注表格填写例子：

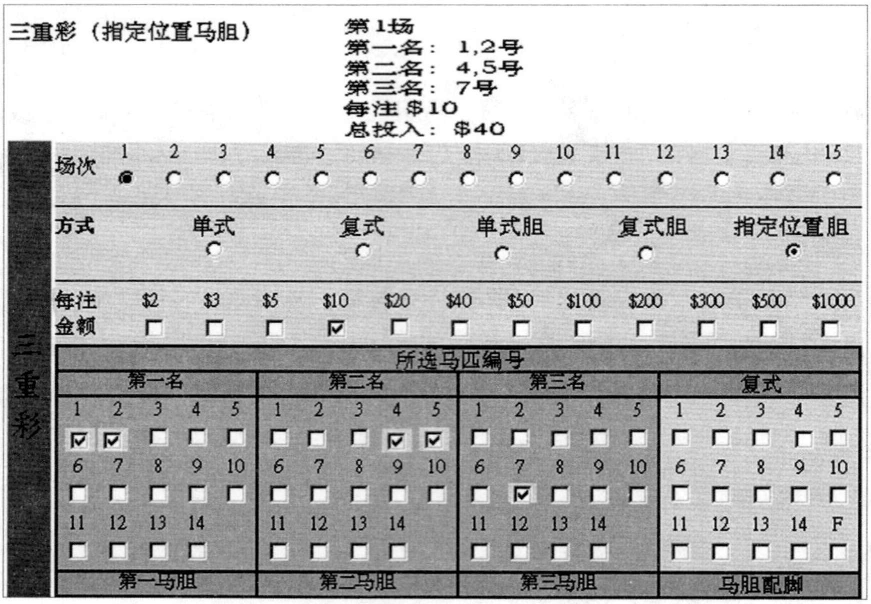

图4-5-10　三重彩（指定位置马胆）

三、孖Q/孖T高级下注

（一）孖Q

1. 复式下注

在所选马匹编号栏内选择两匹或以上马号。

2. 胆拖下注

“马胆专用”栏，按关次选择一匹马胆编号，若没有则不用选择。“所选马匹编号”栏，选择两匹或以上胆拖下注到配脚。图4-5-11为澳门提供的孖Q胆拖及复式胆拖网络下注表格填写例子：

（二）孖T

1. 复式下注

不需要选择任何马胆，在所选马匹编号栏内选择三匹或以上马号。下图4-5-12为澳门提供的孖T复式网络下注表格填写例子：

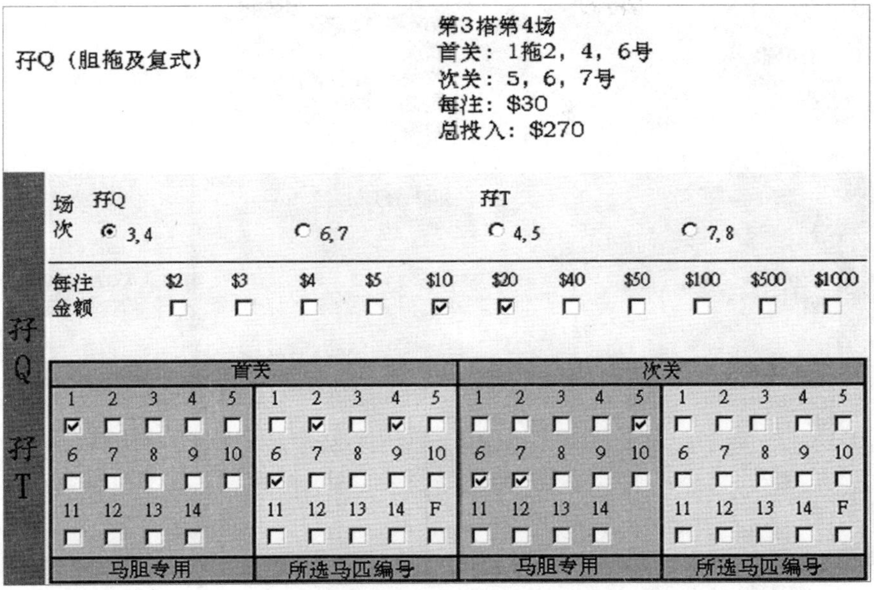

图4-5-11　孖Q（胆拖及复式）

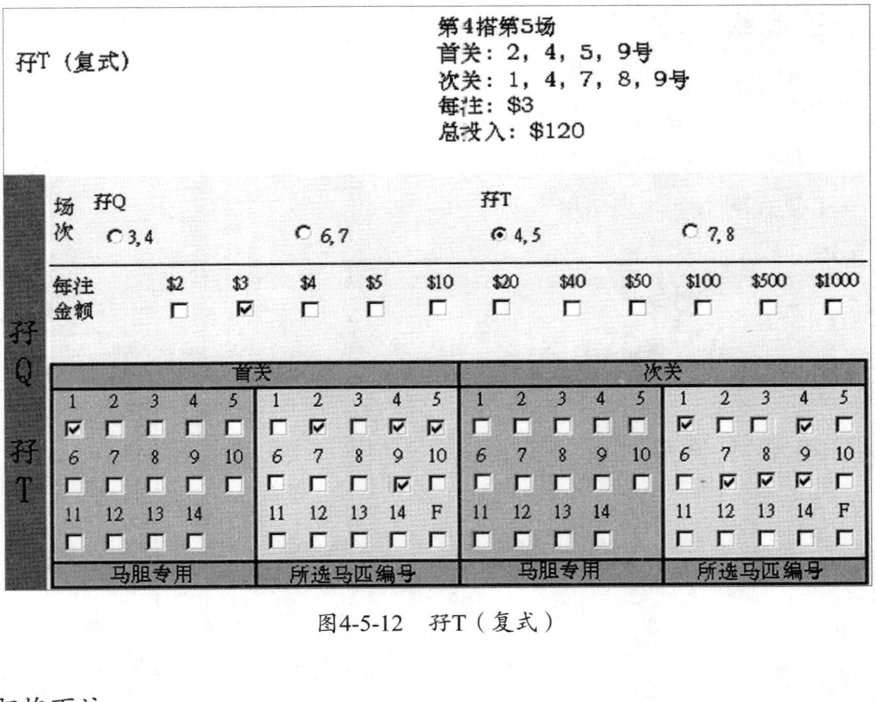

图4-5-12　孖T（复式）

2. 胆拖下注

在“所选马匹编号”栏按关次选择马匹编号或孖T胆拖的配脚。若选一匹马胆，配脚马须三匹或以上。若选两匹马胆，配脚马须两匹或以上。下图 4-5-13 为澳门提供的孖 T 胆拖及胆拖复式网络下注表格填写例子：

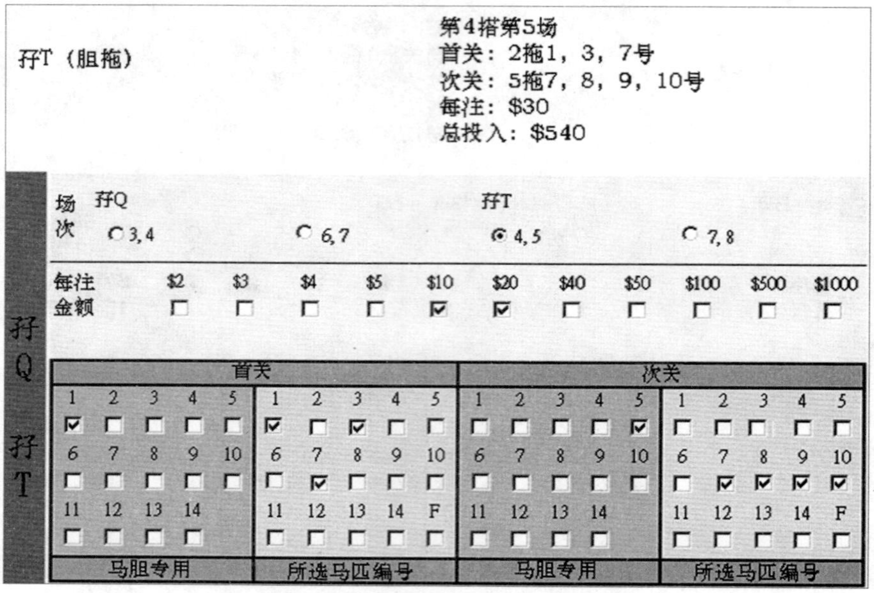

图4-5-13　孖T（胆拖）

三、三T高级下注

1. 复式下注

无须选择任何马胆，在所选马匹编号栏内选择三匹以上的马号。下图 4-5-14 为澳门提供的三 T 复式网络下注表格填写例子：

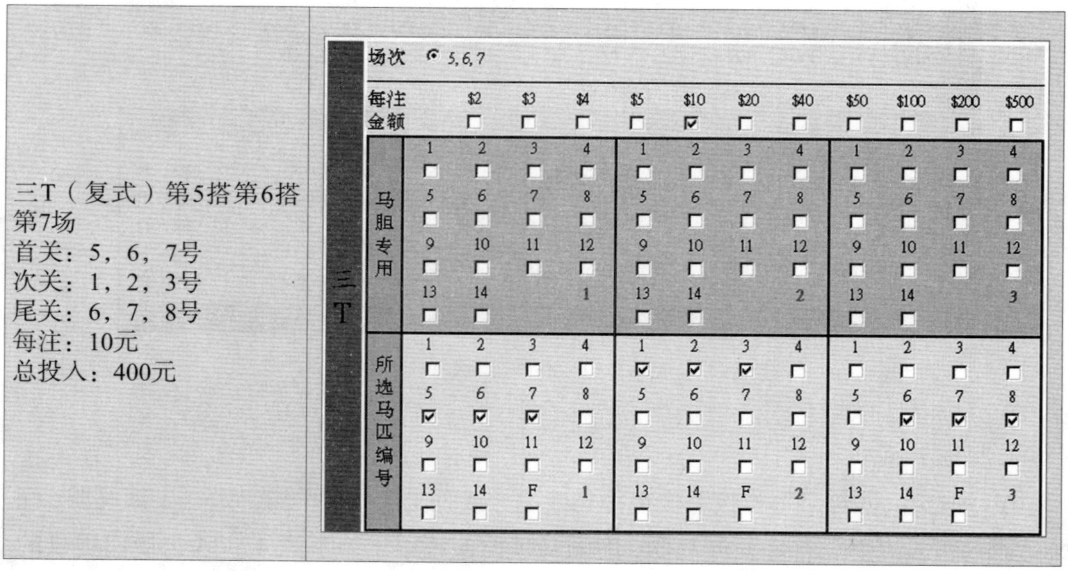

图4-5-14　三T（复式）

2. 胆拖下注

“马胆专用”栏内按关次选择一匹或两匹马胆编号，“所选马匹编号”栏按关次选择马匹编号或胆拖的他配脚。若选一匹马胆，配脚马必须三匹或以上；若选两匹马胆，配脚马必须两匹或以上。下图 4-5-15 为澳门提供的三 T 马胆及马胆复式网络下注表格填写例子：

三T（马胆）第5搭第6搭第7场
首关：2拖6，7，8号
次关：7，8拖2，3，4，9，10号
尾关：3拖5，6，7，8号
每注：2元
总投入：180元

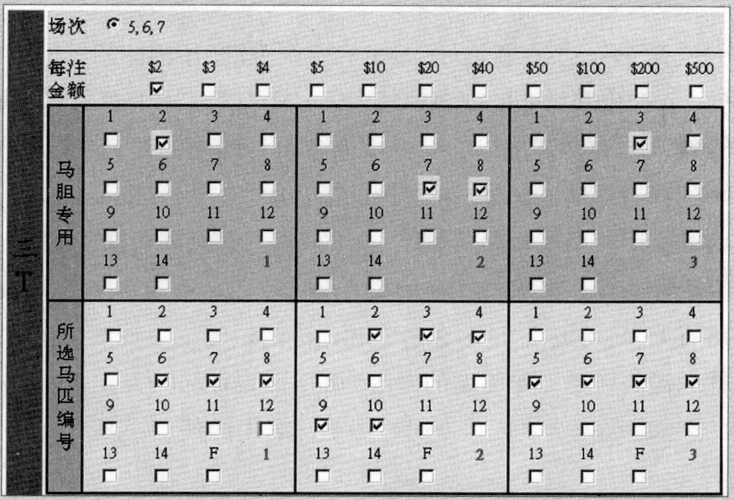

图4-5-15　三T（马胆）

三T（复式/马胆）第5搭第6搭第7场
首关：1，2，3，8号
次关：5，6，7，9，10号
尾关：3拖1，2，5，6，7，9号
每注：2元
总投入：1200元

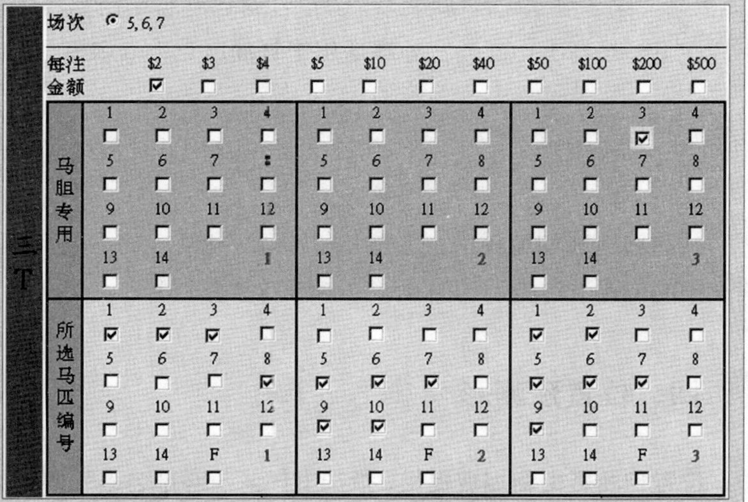

图4-5-16　三T（复式/马胆）

第六节　常见国际下注差异性简介

一、位置

位置(place):在新加坡、日本和中国香港、中国澳门等国家和地区,指在一场由 4 匹、5 匹或 6 匹出赛马匹的赛事中猜中第一名或第二名马匹。即,猜中前两名中的任意一匹。当参赛马匹在 7 匹或以上时选中前三名马匹中的任意一匹。而在美国则表示选择前两名中的任意一匹。此外,在美国的下注中,三甲（show）指在一场由 7 匹或以上出赛马匹的赛事中猜中第一名、或第二名、或第三名马匹。即,猜中前三名马匹中的任意一匹。

由此可见,美国与其他国家在位置（place）和三甲（show）方面与其他国家和地区略有差异,实际上是多数国家和地区的位置下注类型包含了三甲下注类型,但目前习惯性的做法还是以非美国的做法为准,即参赛马匹为 4 ~ 6 匹时选中前两名中的任意一匹,当参赛马匹为 7 匹以上时选中前三名中的任意一匹。

二、卷式独赢

卷式独赢是由新加坡提供的一种下注类型,指准确预测两个或三个场次的优胜马匹（即头马、第一名）,即可赢奖。但是,在每场赛事中所赢得的奖金和 / 或退款将会自动下注在下一场赛事中。卷式独赢适用于新加坡和香港赛事,并将分享独赢彩池的奖金。

三、预测彩

预测彩由新加坡提供,指选出排名第一和第二的马匹（不分次序）。预测彩等同于前文中的位置下注类型（由 4，5，6 匹马参赛时）。

四、位置预测彩

位置预测彩由新加坡提供,指选出任何两匹排名第一、第二或第三的马匹（不分次序）。位置预测彩相当于前文中的位置 Q 下注类型。

五、特殊赛事的处理

特殊赛事指一场赛事中参赛马匹超过 14 匹马的赛事。在多数国家和地区，一般一场赛事的参赛马匹为 14 匹或以下，所以 14 匹是一个分界线，如果参赛的马匹多于 14 匹，则每个国家或地区的处理方法可能不一样。

（一）中国香港地区对特殊赛事的处理

所有参赛骑师会分别编为 1 至 14 号，当中 13 位骑师将列入编号 1 至 13 号，而余下之骑师将全部归纳于 14 号。列入 14 号中的任何马匹获得奖项，只要是下注到 14 号中的任何一匹马均可获得派彩。

（二）日本对特殊赛事的处理

在日本，除了参赛马匹的马号之外，每一匹马还被赋予一个由 1 匹至 3 匹马匹构成的“括号”（例如 1 号马和 2 号马为“括号 1”、14 号、15 号、16 号为“括号 8”）等。这一“括号”系统是日本赛马所特有的。每个括号均由不同的颜色来代表（例如括号 1 为白色、括号 2 为黑色等），骑师的帽子的颜色由括号来决定。这样即使是通过电视观战，马迷也可以很容易地找到自己所心怡马匹所在的位置。由下图可知，如果参赛马匹的数量依次增加，那么，马匹将被依次往前面的括号内迁移，但 8 个帽子的颜色是固定不变的。如：当参赛马匹为 9 匹时，括号 8 由 2 匹马构成，剩下的括号各为 1 匹马。当参赛马匹为 15 匹时，除了括号 1 之外所有的括号均由 2 匹马构成，其他依次类推。

骑师的帽子的颜色

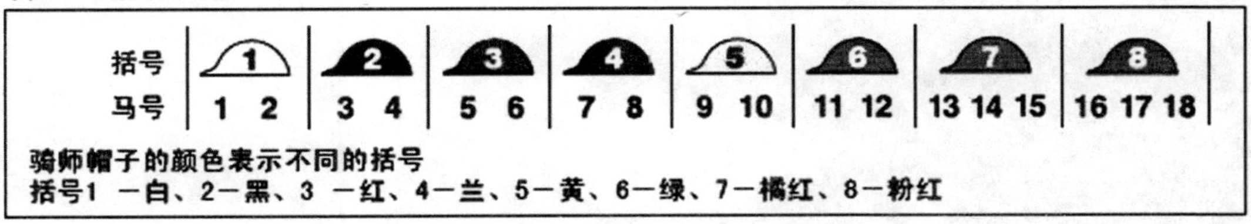

图4-6-1　日本中央竞马会规定的骑师帽子的颜色（来源http://jra.jp/）

（三）中国澳门地区对特殊赛事的处理

澳门在超过 14 匹马参赛的赛事中也采用“括号马”的形式进行处理，但处理的方式与日本不同。“括号马”——在特别赛事中，按下表分别将编号 1 及 15、2 及 16、3

及17、4及18、5及19、6及20的出赛马匹编号组成“括号马”，并以相应的括号编号替代马匹的原有编号，见下表。

表4–6–1 澳门“括号马”规定表

括号编号	替代的出赛马匹编号
（1）	1及/或15
（2）	2及/或16
（3）	3及/或17
（4）	4及/或18
（5）	5及/或19
（6）	6及/或20

第五章　赛马场布局简介

第一节　赛事大楼

标准马场的布局基本相同，下图为东方马城国际赛马场的模型图，各个部位及其相对位置已在图中标明。

图5-1-1　赛马场全景图（源自东方马城）

赛事大楼也称为赛事综合楼，是马场重要的标志性建筑之一。大型赛马场的赛事楼是一栋综合楼，一般有 6 层左右。大楼靠近赛道一侧为观众看台；位于最底层的一楼大厅多作为赛马游戏的下注区域，内设下注设备，包括人工下注设备终端和自动下注设备；看台背后的第二层一般设为贵宾楼层，内设包厢；其他楼层多为赛事办公楼层和供媒体转播之用。

图 5-1-2 赛事大楼（源自东方马城）

第二节 赛道

一、赛道简介

赛道俗称跑道，指用于进行马匹训练、竞赛等的场所，包括自然赛道和人工赛道两种，人工赛道又分为泥道、沙道、草道、合成材料赛道等。赛道可以是单道、双道或者多道。一般单个赛道的宽度不低于 25 米，周长不低于 1400 米。赛道的形状可以采用椭圆形或其他形状，弯道部分的转弯半径沙道或泥道不应小于 120 米，草道不应小于 150 米。此外，在中国，一般周长在 1000 米及以上，宽度为 15 ~ 25 米的赛道均可进行速度赛马竞赛。按照中国赛马场设施的建设规定，国家赛马场一周的长度应大于等于 1600 米，宽度应大于 20 米。地方赛马场一周长 1000 米，宽应大于 16 米。赛道必须经受起以每小时 60 千米、体重 500 千克的马的践踏冲击。此外，赛道的主体起伏可根据需求进行适当地升高和降低。

目前国内外常采用的赛道建设材料以沙子为主，亦即大部分的马场采用沙道作为马匹训练和竞赛场地。沙道具有建造成本低，耐践踏及易维护的特点。草道给人的感觉是优雅、自然，马匹在草道上的竞赛更加精彩，但是草道存在造价高昂、恢复期长、维护费用高及受季节性因素影响大等缺点，所以一般在中大型赛事时会在草道上竞赛，一般常规的赛事多采用沙道。

图 5-2-1　赛马场的沙道（源自东方马城）

图 5-2-2　日本某省的赛道（源自日本中央竞马会）

图 5-2-3　赛事大楼和赛道全图（源自日本中央竞马会）

二、赛道护栏

出于安全考虑，赛道内外必须安装护栏，护栏的高度一般不低于 1.15 米，不高于 1.35 米，围栏向跑道内侧有倾斜 60° ～ 70° 的拐角。护栏基础多采用钢管结构，上层采用轻质材料。护栏除了能够防止马匹在奔跑中跑出赛道外给马匹和骑师造成安全外，还有防止观众进入赛道而造成意外的作用。

图5-2-4　赛道护栏（源自东方马城）

三、距离标识牌

跑道的内侧护栏上均安置有距离标识牌，用以在椭圆形的赛道上标识距离。这些标识牌对观众用来观察竞赛中的骑师来说非常有用。

在赛道的周围，每 200 米会放置一个距离标识牌。其中 800 米距离标识牌和 400 米距离标识牌在骑师比赛中是两个非常重要的标识点，这些标识牌能够让观众知道马匹还有多少的距离要完成。

距离标识牌还有一个功能是标识竞赛的起始位置，闸箱工作人员可以根据固定的距离标识牌准确地为每一场赛事放置闸箱。

对于马匹晨练来说，距离标识牌也具有非常重要的作用。马匹晨练的时候每个间隔距离段会被计时以保证马匹处于良好的竞赛状态。练马师会指导策骑（exercise rider 在早晨骑乘训练马匹的人）如何在某一段距离操练马匹。例如，在 800 米的操练过程中，练马师会告诉策骑进行全力冲刺（以固定的时间完成晨练距离）。练马师可能告诉骑手以精确的时间完成固定的距离，例如 48 秒完成半英里的晨练距离。

终点线标识牌是所有标识牌中最与众不同的一个，有些赛马场会把一个靶子或者靶心放置在标志牌上。有时，骑师会由于误判终点线而过早地将身体站立起来，这样会导致其速度慢下来。有时，由于激烈的竞争，骑师会失去对位置的判断。标识牌就起到了一个很好的提示作用。

图5-2-5 距离标识牌

图5-2-6 终点标识牌

第三节 亮马圈

亮马圈是马匹亮相的场所，马匹在竞赛前都要经历亮相环节，亮相是为了让观众、马迷更好地了解马匹的身体状况，以便为下注提供更加详实的现场信息。亮马圈内一般设有柔性赛道以供牵马员牵马踱步亮相，此外，亮马圈还设有备鞍马厩和观众看台。正常备鞍马厩的数量为 14 个，观众看台席位数量根据需要确定。例如，东方马城的亮马圈占地面积为 2800 平方米，上部采用 13000 平方米的天幕穹顶设计，确保比赛前的亮马风雨无阻，配备 14 个备鞍马厩以及 4500 个观众座位。

许多马迷会在马匹备鞍和亮相时观看马匹的不良行为以避免在此匹马上下注以节约资金。不良行为指马匹对备鞍和牵马人员表现出来的神经质、易怒、暴躁的情形。不良行为会消耗马的能量和力气，这意味着这匹马在心理上并没有做好跑出最好成绩的准备。

马迷亲自在马场的备鞍区和亮相区观看马匹的行为有很大的好处。马场也会用摄像机一五一十地直播马匹备鞍和亮相画面，但通过电视或 LED 显示屏观看赛马的马迷仍然会有可能错过某些精彩的场景。在电视和 LED 显示屏中，摄像机不可能时刻直播所有马匹的状态，因此在亮马圈亲眼观察马匹的状态对于下注来说非常重要。

图5-3-1　亮马圈（源自东方马城）

第六章　赛马游戏的影响因素

第一节　马匹

赛马体格均非常高大，重量在363千克到500千克之间。骑师的重量在50千克左右，因此，骑师要控制马匹除了需要力量外，还需要技巧。如果一匹马不听使唤，骑师又没有经验，则很难控制住马匹。马从马房被牵出直到进入闸箱的整个过程中的不同状态对竞猜均具有较大的影响，因此，要时刻对马的状态、行为特性进行观察以便能够正确下注。

一、马匹的解剖结构简介

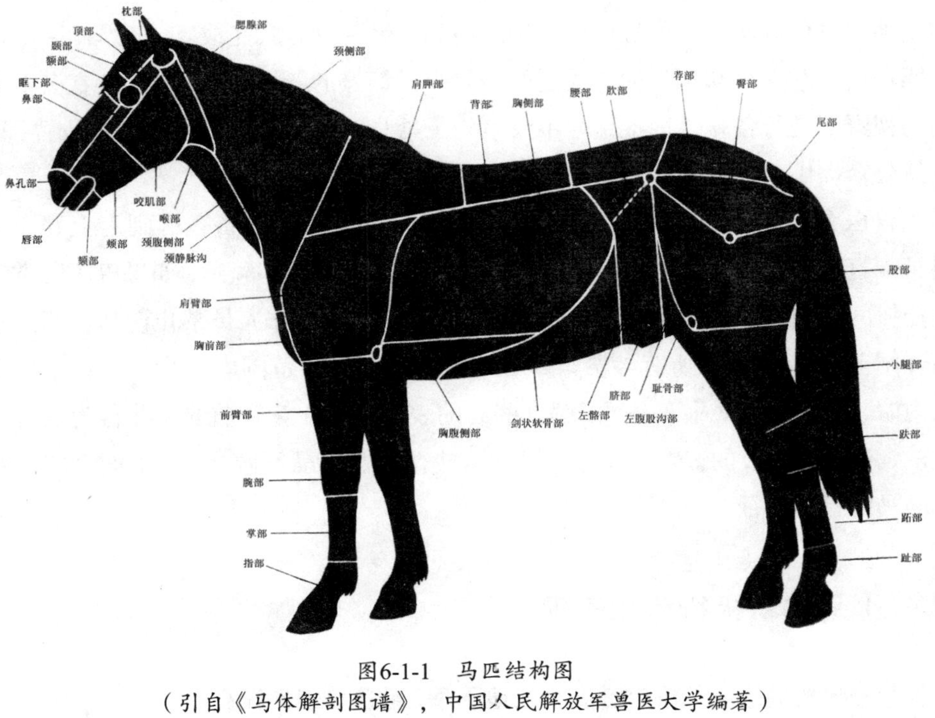

图6-1-1　马匹结构图
（引自《马体解剖图谱》，中国人民解放军兽医大学编著）

在行业内，马的高度通常是用掌来测量的。一掌约为 10 厘米。赛马的高度范围通常在 14 掌到 17 掌之间。测量距离从地面到马的鬐（qi）甲部位最高点。鬐甲位于肩部的最上方，马匹肩部最高的点。

马匹在出场时都是全副武装的，它们佩戴这些装备主要有以下几个方面的作用：

第一，有助于骑师控制马匹。

第二，在竞赛中集中马的注意力。

第三，帮助赛马克服不良习惯。

第四，对身体有恙的马匹进行辅助。

二、备鞍区内观察马匹的状态

多数马场，亮马圈位于备鞍区的前面，看台和俱乐部的后面，并且远离主赛道，每场比赛的参赛马匹从马厩中被牵至备鞍区。下面是每场赛事的必经程序，很少有例外的。

马匹鉴定员检查每匹马的唇刺纹以确定其是否与报名表相符。报名表实质上是马匹的出生证明。刺纹就像汽车的牌照，由唯一的数字和字母顺序组成。刺纹在马的上唇内部。鉴定员要查看刺纹，就必须将马的唇翻起。唇刺纹是永久性的，所以不用担心任何人因为欺骗的目的擦除或者改变它。在国内，这一环节称为检录，国内主要采用烙号来标识马匹。烙号是马匹身上通过烙铁烙上的数字、字母、图形或三者组合的一种辨别马匹出生地及身份的印记。烙号可以采用冷烙和热烙两种方式完成。

每匹马会分配一个与预先抽签决定的号码一样编号的备鞍马厩，马匹会在公众和赛事裁判的视野下进行备鞍。抽签编号不仅是为了给马匹分配备鞍马厩和闸箱位置，而且也为竞猜公众提供一种数字标识。

马场兽医会在备鞍场地一直观察马匹。他们会从马匹进入备鞍区到走上赛道进行列队热身一直观察马匹。兽医这样做的目的是为了保护马匹和骑师，如果兽医感觉参赛马匹有任何的问题，他们便会对马匹进行检查并建议马场工作人员禁止该马参赛。

在开闸前 25 分钟内，所有参赛马匹必须在观众的视野范围内。当马匹处于公众视野范围内时，你可以观察每匹马，了解这些马的表现。马在竞赛前的一些行为表现有些是积极的，有些是消极的，竞猜者可以根据这些行为购买马券做参考，下面介绍一些较为常见的马的行为特征。

（一）马的积极行为和表现

马看起来比较健康。如鬃毛漂亮自然地下垂，毛色自然性光亮。

眼睛清晰明亮有神。眼睛机警、明亮、有神比晦涩无光的好。

耳朵机警、敏感。这里所说的机警、敏感并非指的神经性紧张。耳朵竖起，也就是说直立或稍微向前，是马状态好的标志。

马匹身体看起来强壮。强壮并非指的肥胖，强壮的马匹肌肉轮廓明显，而肥胖的马匹肌肉轮廓不明显。

（二）马的消极行为和表现

毛发倾斜一致并且看起来比较暗淡。毛色无光是健康不良或饮食不佳的表现。

亢奋。马每天近 23 小时呆在马厩里，这会导致其被牵出马厩后非常兴奋。在比赛开始前，这种兴奋会消耗过多的能量。

难以驾驭。经验丰富的马了解赛事程序，但是如果它们有伤在身，将表现得非常难以驾驭。参赛次数较少的马由于对赛事感到紧张，也会出现难以驾驭的情况。

抑郁。亮马时应当留意是否有步伐迟缓的马匹，这类马匹比较抑郁，不会跑出很好的成绩。

耳朵后压。压耳朵是一个不在乎或生气的表现，提示马并不想参赛。

三、入闸前观察马的状态

当马匹备鞍及骑师上马完毕，他们便会按顺序进入赛道。多数马场会安排一匹礼仪马匹对其他马匹和骑师进行引导，有些马场还会选择使用一匹领头矮马辅助赛马和骑师。马场安排领头马或者矮马对赛马进行引导的目的是为了减轻赛马的紧张心理，这些马匹会一直在旁边陪伴赛马做热身活动直到进入闸箱为止。另外，在很多的马房中有时也会看到有些矮马在马厩外面游逛，这样的安排也是为了消磨赛马的时间，让赛马在马厩中不会感到无聊。

赛马会在开闸前的 10 分钟在赛道上列队漫步，一般列队漫步是在看台前的赛道上进行，因此其关注程度非常高。每位观众在此刻均有一个近距离观察赛马的机会。当然，如果视线不好，可以观看电子显示屏，电子显示屏上会时刻保持对赛马画面的直播。观看电子显示屏有一个显著的缺点，即你所看到的画面内容是由摄像师决定的，而自己观察不存在这种情况。

列队漫步后赛马将进入闸箱（起点）附近进行慢跑和热身，大多数赛程的起点在观众台的对面，由于距离较远，因此观察马匹慢跑和热身的状况将非常费劲，这种情况下可以采用望远镜观看或者通过电子显示屏进行观看列队漫步的时间是最后观察马匹的一个重要时期。列队漫步结束后，马匹会暂时休息下并进行慢跑和热身。有些赛程的起点就在观众台前，此时观察马匹热身和慢跑将非常方便。以下情况是在马匹热身和慢跑时应当引起注意的情况。

（一）值得下注的情况

马的毛发整洁。如果马的尾巴和鬃毛整洁光滑，说明马夫工作认真负责，有责任心。

颈部粗壮。这是能量被压抑等待爆发的征兆。

昂首阔步。如果马匹蹦蹦跳跳且看起来活泼，是一种好状态。如果蹦的太高，太过兴奋，那是浪费能量。如果赛马状态低迷，请勿考虑。

老马兴奋。年龄大的马匹可能会有更多身体问题，因此，骑师需要以大运动量让其热身以使它们身体充分活动开。如果骑师不对老马采取这些措施则应当引起警觉，这可能是骑师在保护马匹或者马匹本身有更严重的伤病。因此，对待老马一定要注意其准备活动的时间长短和强度大小。

（二）不值得下注的一些情况

不良行为。如果一匹马不守规矩并且让骑师难以驾驭，这匹马可能是在浪费体力。

过度发汗。如果天气不是很热和潮湿，出汗是一种正常的现象。但是如果大部分马匹不出汗而你要下注的马匹却出汗，说明该马紧张，这不是一个好现象。留意不同的出汗类型，这些都是由紧张造成的。

当马匹自身的皮肤摩擦时，位于后腿间的腰部会出现泡沫状的汗液。颈部（马脖子）或者鞍垫下面出现泡沫表示此部位出汗并且有摩擦。在颈部，摩擦来自缰绳；在身体，鞍垫位于马鞍和马体之间。全身冒汗与泡沫不同，冒汗是纯粹的汗液，会一直顺着身体往下滴。全身冒汗从来都不是好现象，严重的发汗现象就像刚洗完澡一样。

肋骨凸显。马匹体重过低并且饮食不佳会导致马的肋骨凸显明显，除了饮食以外还有可能是马匹患有某些疾病，因此这类马在比赛中很难获得较好的名次。

第二节　骑师

一、优秀骑师的共有特性

在多数国家和地区，骑师算是没有固定工作的人员，有马主邀请的时候就有工作，没有马主邀请的时候便没有了工作。在中国有很大的不同，大部分的骑师受雇于某个马场或者公司，平常进行马匹的训练，赛事时进行竞赛。不管是哪种情况，如果骑师参赛并赢得了比赛，将获得一定奖金的提成。

（一）跑马策略

每位骑师均有跑马策略，但每位骑师的跑马策略各不相同，这些非常值得研究与学习。有些骑师喜欢在开始阶段处于队伍后列，随后赶上队伍。有些则喜欢将其马匹策骑到领头位置。

跑马策略显示了骑师的战术思想。优秀的骑师会使马匹按照自己的思想行事，而不是让马牵着骑师的鼻子走。优秀骑师有让其马匹处于最佳位置、恰当时间进行加速和减少犯错的诀窍。

在赛马中，一个小小的失误可能导致整场赛事的失败，在为赢得一场赛事准备的过程中，观众所关注的重点仅仅是骑师的表现。输赢的重点也主要集中在骑师的身上。

如果一匹马不在其最佳状态或者实力欠佳，那么骑师也无能为力，优秀的骑师总会尽最大努力让这类马获得胜利，但事实上这类马很少获胜。相反，如果一匹马具备超强的实力，不管是哪位骑师驾驭它，它都会获得胜利。因此，当一匹具备实力的马匹在竞赛中失败了，多数原因是由于骑师造成的。

如果练马师将马匹的状态调整到最佳，速度达到最快，则获胜的机率会接近 90%。另外的 10% 则依靠骑师及运气。如果骑师在竞赛中表现完美，能够充分发挥马匹的运动能力，则该马会获得胜利。因此，骑师应当在竞赛中尽可能地不犯错误或少犯错误。

（二）时间

每匹马有不同的运动习惯，骑师必须适应它。按照习惯，马在竞赛中一般分为三种类型。第一种：领头型。该类型的马喜欢在比赛中领头，开闸后即会冲到队伍的最前面，除非骑师将它控制下来，否则它将一直处于领跑地位。第二种：跟随型。这类马匹喜欢在队伍的中间，一般这类马匹的可控性较强，所以骑师可以控制马匹的速度使其保持力量以便最后冲刺。第三种：后劲型。这类马匹每次开始时均处于队伍的后方，而到最后是冲刺，这类马能够根据骑师的意志采取行动。骑师必须了解每种类型的马的运动习惯，并可以根据马的特性在竞赛中合理调配速度和体力。

骑师什么时候加速是获胜的关键因素之一。骑师必须知道竞赛时的总体概况和时间分配，也就是说，骑师的头脑中对速度、距离和时间的把握比较准确，否则很难获得好的成绩。除了头脑中有速度、距离、时间概念外，骑师还必须了解马匹的运动习惯，根据马的运动习惯来考虑何时匀速、加速、冲刺。优秀骑师在分配时间上很有天赋。观看的比赛越多，越能从顶级骑手的优秀表现中学到更多东西。优秀骑师会经常驾驭马匹在正确的时间获得胜利。

（三）低体重与低身高

现代人的体重和身高呈每年上升的趋势，而在赛马中却不一样。在赛马中，骑师的体重一直都维持在固定的水平。一般速度赛马骑师的体重以男性不超过100斤，女性不超过96斤为宜；而身高男性不超过165厘米，女性不超过158厘米为宜。如果超过这些数值也可以参赛，但所能够骑乘的马匹将大量减少。例如，一匹马的负重为120斤，那么只有体重及相关设备（马鞍、头盔等）的总和小于等于120斤的骑师才能骑乘，如果某个骑师的体重为125斤，那么他就不能骑乘此马参加竞赛。就体重而言，骑师的体重越轻，他所能够骑乘参赛的马匹就越多。

所以，在判断骑师业绩的时候应当注意，骑师不仅承受着赢得比赛的压力，同时也承受着控制饮食以便保持体重的压力。骑师一般采用长跑或其他一些体力消耗大的运动项目来控制体重。

（四）预见性

预见性是对即将发生的事情做出的一种提前性判断。优秀骑师在竞赛中均具有较强的预见性。在赛马中，尤其是在赌马的赛事中，马迷往往能够根据出赛马、场地和骑师的情况预测出赛事最终会出现的可能结果，一般把这种预测出来的过程和结果称为赛事模型。骑师与赌马者一样能够预测赛事的状态。骑师通过阅读赛马报纸和其他资料来了解马匹以往的成绩。通过这些信息，骑师便可预测马匹在比赛中将要处于什么地位。他们也会考虑到其他骑师的习惯并试图猜测他们的马匹在比赛中将要处于什么地位。

优秀骑师比对手作出的反应要快。如果感兴趣，可以通过观看赛事重播并注意这些骑师的动机。通过观看重播，可以发现有些骑师会策骑其马匹至合适的档位而获胜，而其他的骑师则始终处于后位。

二、骑师水平

（一）骑师级别

速度赛马中，骑师分为策骑、见习骑师和骑师三个级别。策骑是级别最低的级别，在多数国家和地区，策骑的任务仅仅只是马匹进行晨操和训练。而有些国家规定，策骑可以享有让重10磅的权利进行比赛，当策骑赢得一定场次的比赛后，将丧失该权利，进而晋升为见习骑师。

多数策骑可以在一些小型的赛事中进行比赛，而重大的一些有奖赛事一般不允许策骑参加。在一些小型竞赛中并不会显示出见习骑师和策骑的差异性。当然，练马师在小型、低级别的赛事中会更倾向于给年轻骑手提供良好的机会以让其更加成熟。

一个应当引起赌马者注意的问题是，当你遇到有策骑参赛的赛事中下注在策骑身上是否可行？回答即是肯定的也是否定的。如果下注的马匹是速度非常快的马匹，那么策骑不需要很丰富的经验便能取得胜利。如果下注的马匹实力稍差，那最好不要在此策骑和马匹上下注。

（二）金牌骑师

骑师的技术水平一般较高，而且其参赛场次多，经验丰富，在一些大型的速度赛马赛事中，练马师、马主更倾向于招募这些骑手。这些骑师在中国一般称为金牌骑师，从字面意思可以看出，这些骑师实力较强。当然，金牌骑师也是骑师，只是人们给经常获得奖牌的骑师的一种称谓而已。

在国外，金牌骑师有时也称为财富骑师，因为他们能够经常获奖，得到很多的资金回报。一般来说，骑师在有奖赛中创造的财富越多，越受欢迎，在将来也会骑乘更好的马匹。

三、骑师参赛的统计资料

如果你对参加竞赛的骑师不了解，可以查看骑师以往参赛的战绩资料和可用的统计数据。马场骑师的参赛数据一般都会刊登在相关的报纸上。例如香港赛马会提供的报纸和马薄、美国的《每日赛报（drf）》。

同样的信息会在马场的赛事手册中罗列出来。马场的赛事手册前十项战绩罗列出了每个骑师的首次获胜，获胜的次数，第二、第三的次数以及获胜的百分比。

马场赛事手册中包括骑师在不同类别上的令人感兴趣的统计数据。例如，骑师在短距离赛、长距离赛、沙地赛、草地赛中的比赛记录，包括比赛获胜场次的百分比以及投资的回报率。这些统计数据会显示出哪些骑师比较受欢迎，哪些骑师稍微逊色。

在对骑师数据的统计中显示出一个非常关键性的问题，即，年复一年，赛事持续，前十名的骑手会在赛事中赢得 90% 的比赛。

四、对于骑师不同观点的比较

一直争论的一个问题是，到底是骑师重要还是马匹重要。各有各的说法，有人认为骑师重要，而有人则认为马匹重要。由于赛马是一项人马合一的运动，需要人跟马的密切配合，所以二者均非常重要。目前行业内的观点认为，一场赛事中，马的能力要占到70%，剩余的30%是由骑师决定的，也有人认为是马跟骑师因素是六、四开，那么不管如何都告诉我们一个信息，马的因素放在第一位，骑师的因素放在第二位。

有些赌马者可能不关心是谁骑乘马匹。事实上，如果骑师不出名，倒是好事。当一名不出名的骑师参赛，观众由于对其不了解而不会在其所骑乘的马上下注，因此，这匹马的赔率和回报将非常高。在实际的运用中，如果马的实力相差无几，那么在赌马时就要下注优秀的骑手；如果马的实力相差悬殊，此时就不用过多考虑骑手的问题，只用考虑马的实力就可以了。

第三节　练马师与马主

一、练马师

练马师掌管着其手下马匹的健康和福利事项。练马师全力训练马匹以激发马匹的潜能，使其在赛事中获胜。练马师的水平也是决定马匹成绩的一个关键因素。

练马师管理的马匹属于不同的个人马主或者团体马主，甚至练马师可能是一个私有的练马者，也就是说该练马师仅为个人或者某一团体工作。理论上，练马师的目标是训练马匹使其能够获得冠军。但实际上仅有很小一部分的赛马成为了有奖赛的冠军。

马房的工作开展比马场其他地方的都要早，根据季节的不同，马房的工作人员会在早上4点到6点之间开始工作。主要的工作任务是喂料，训练，放松，洗澡，再次喂料。

所有工作的领导者就是练马师。可以认为练马师是马房的执行官，因为他必须直接和马主进行沟通，马主是支付费用的股东。为了完成日常的工作，练马师必须依赖马房里的雇员团队，包括下列成员：

（一）助理练马师

就像其名字一样，助理练马师帮助练马师管理马房的日常事务。如果练马师忙于应付马主和媒体，助理练马师则照看马匹并管理马房雇员。练马师会根据管理马匹数量的多少，至少配备有一名或者多名助理练马师。随着马房规模的增大，练马师的角色会因花更多时间处理当前马主事宜，招募新马主而改变，而且变得越来越重要。优秀的练马师会依靠他的助理练马师来掌管马房的每件事情，以保障一切运行正常。

（二）马夫

马夫是每天最直接接触马匹的人员。他们在马厩中接触马匹，刷拭马匹，清理马匹，喂养马匹。优秀的马夫会在马匹上花费大量的时间，因此他们通常和马匹开始接触的第一步就是进行语言交谈，马夫与马匹越熟悉，在处理特殊事情时越容易。通常，马夫是发现马匹异常并将其上报的第一人。

（三）策骑

策骑的工作就是将马匹从马房带到赛道上进行训练。马匹每天都要进行训练，因为训练可以保持并增加其肺部的弹性，保持健康。

策骑必须在其头脑中有一个时间概念。当练马师要求他在 48 秒内完成半英里（约 800 米）时，他会在心中默数时间。一个优秀的策骑在训练中间会与练马师的要求和马匹的表现进行完美的结合。

（四）马匹放松员

这个职位是马房的初级职位。当马匹比赛、操练、训练后，他们通过慢走的方式使马身体的温度降下来。如果牵马走路笔直，能随意控制马匹，能够转弯，则说明其已具备马匹放松的基本技能。

每个雇员对马房的成功均作出了巨大的贡献。马匹放松员、策骑甚至是马夫和马呆在一起的时间比练马师都要长。他们必须交流并作为一个团队进行工作，同时将信息反馈给练马师。练马师在保持马匹高兴与健康方面负有最终责任。

如果马房没有赢得比赛，马主会毫不犹豫地将马匹转交给其他练马师照料。如果马房非常优秀，练马师不需要进行马主招募，因为马主会主动找到他。

二、马主

马主的作用与骑师同样重要，马主的性格对马在赛事中的表现有较大的影响。马主要承受各方面的压力，但同时也会收获颇多。

（一）马主的花销

马主最大的花销是为照顾和训练马匹的练马师每天提供的费用支出。例如，在肯塔基赛马中，每天每匹马的支出在 45 元到 80 元之间。这些费用包括雇员费用和照料马匹的费用，如马匹的喂养，维生素及马匹的补给品。马主还要支付除这些费用以外的账单，包括兽医费、意外保险费、钉蹄费用、牙齿保健费（马会有牙齿问题）和运输费用。

在美国，当马匹赢得比赛，马主可获得 80% 的奖金，骑师和练马师各获得 10% 的奖金。通常情况下，一场赛事的前 5 名都会获得奖金，但最大的份额（约 60%）会分给头马。

（二）马主的快乐

有些人是出于对马的钟爱而成为马主的，成为一名马主所需要的资金也非常大，越是优秀的马匹，其价格就越高。

并不是拥有资金便能成为一名受人尊重的马主。一般成为优秀马主的人是在生活中比较争强好胜且事业上能够取得较大成功的人士，这些成功人士往往会在赛马中寻求自我实现的激情。

此外，由于共同拥有马匹而建立起来的合伙人之间的友情是非常值得的，即使从来没有赢得过比赛，这种友情也终身难忘。这种友情主要体现在马房里，在会员间里，在会所里。拥有一匹马也是一种凝聚亲情和友情的有效方式，在比赛日，家人和朋友都到马场观看比赛并一致希望马匹能够获得胜利。

第四节　赛道

一、沙道级别

国际上，短期的赛事一般会在草道上进行，由于草道的建植和维护成本较高，草坪恢复缓慢，因此，大多数赛事密集的国家和地区会采用沙道进行比赛。下图 6-4-1 为典型的沙道的结构图。

改变沙道表面状态的仅有物质是水。经过滂沱大雨后，根据沙道含水的多少，沙道被定义为不同的级别。

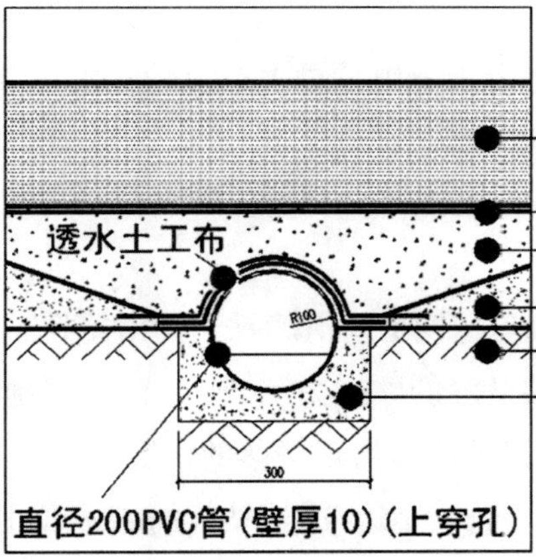

图6-4-1　沙道基本剖面图

（一）快地

快地也被称为快活地，快活地是一种完美的沙道级别，理论上所有的赛事应当在快活地进行。因为沙子中的水分含量恰到好处，因此，快活地代表的是沙道最好的表面状态和级别。

正常的沙道维护方法是在拖拉机后拖带一个沙耙，司机会开着拖拉机在沙道上平整场地。场地平整完成后，在水平的沙道表面会留下完美的沟壑。

沙耙一般是由金属焊接而成，沙耙的下方含有能够深入沙子内部的钉子，因此，当耙子拖过赛道的表面，会将沙子中的凝集块全部粉碎。

在赛道上喷洒水分能够保持沙子的含水量和固定沙子。含有适当水分的沙道对驰骋的赛马来说是平坦有弹性的。可以想象，当你在干燥沙滩上行走的时候，想加快速度是非常困难的，如果你在接近水边的沙滩上行走，由于此处的沙子被浪浸润，含水量高，表面平坦坚固，跑起来就非常顺畅。

（二）好地

好地是快活地的下一个等级。好地表面的含水量较大，有时候，好地赛道比快活地更加有优势。

赛道的分级是主观的。通常好地很容易吸进沙耙，会缩短耙沙的时间。好地的一个明显标志是，在耙沙的时候沙耙的后方会配备一块木块来平整赛道。有时拖拉机的轮胎会在沙道上留下较深的印迹，这对赛马来说是非常不安全的。这些印迹由木块来进行平整。

（三）泥地

泥地是好地的下一级别，泥地一般是由于下雨量过大造成的。由于含水量较大，因此，泥地一般不用沙耙平整，多采用木块平整。

虽然好地和泥地都可以被木块平整，但是泥地含有更多的水分。马蹄在泥地上会陷得更深。

当在泥地上进行比赛时，练马师会给马匹换上防滑蹄铁。防滑蹄铁就像运动员的跑鞋，能够深入到泥地深部以便为马匹提供良好的摩擦力。当然，由于泥地具有较大的粘性，因此，在泥地中奔跑的马匹的防滑蹄铁可能会出现脱落的情况。

另外，有些赛马擅长在泥地或软地上奔跑，因为这类马匹的蹄子较小，较小的蹄子很容易从泥泞的沙子中拔出，因此它们比较适合这类赛道。相反，马蹄较大的马匹不擅长在泥地和软地上奔跑，但是它们在草道上却很有优势。宽大的蹄子会给马匹提供更多的反冲力。

（四）稀泥地

稀泥地是由于倾盆大雨导致，赛道表面基本被持续的雨水覆盖。因此，当看到马匹从水中践踏而过，骑师从头到脚都是泥沙时不要感觉惊讶。

当赛道处于稀泥地状况时，木块平整是每场赛事顺利进行的唯一方法。平整时的深度会加深以保证赛马的安全。木块平整也可以将沙中过多的水分压出。木块上面会增加重量，可以保证将沙子中的水被挤压到护栏旁，以便从护栏旁边的排水沟流走。

（五）冻结地

有些国家会在冬季进行比赛，由于冬季气温较低，赛道可能会被冻结。因此，冬季应当尽量保证赛道的干燥，不能在赛道上洒水。为了阻止赛道被冻结，赛道维护人员必修整晚不停地耙沙——至少持续 15 到 16 小时。一般来说，由于冻结地的硬度较高，马匹在冻结地上奔跑的速度会更快。

二、沙道的维护

（一）赛道表面的结构设计

赛道的设计与公路的设计一样，为了能够快速地排除明水，赛道一般会设计成外侧高，内侧低的形式，当然也可以设计成中间高两边低的形式。中间高两边低的形式一般会在草道的设计上使用。在沙道上，由于重力和日常的维护，沙子会向低处移动，因此，沙道多设计成外高内低的形式，这种设计形式会导致雨水向内侧护栏流动排除，这也是沙道在内侧护栏处设置排水沟的原因。

赛道在直段的倾角在 2% 左右。在弯道处，倾斜度约为 4% 到 6%。弯道处的斜坡是为了辅助马匹在保证速度的情况下顺利通过弯道。

（二）平整赛道

由于赛道存在倾斜度，因此，沙子会有向低处滑动的趋势，天长日久会出现沙子厚度的不一致性。赛道维护人员的一个关键任务就是保证赛道各处厚度的统一性，尽量避免赛道的偏差（偏差即指赛道各处的条件不一致）。因此，赛道维护人员要经常性检测赛道的偏差，必要时利用铲车或铁锹等工具将厚处的沙子铲到薄处。

沙子在赛道从高往低处滑行是由于重力的影响，重力的影响在坡度 4% 到 6% 的斜坡上最为明显。在夏季，大雨之后，许多松散的沙子都会被冲下斜坡。这些现象你在自家的院落、街道或者公园里都能看见。雨水顺着斜坡下流并将沙子带走。

平整沙道是大型马场每天都要做的事情。赛道整天都会被平整。工作人员会在晨训后对赛道进行耕耙，根据赛事的状况在白天或者晚上对赛道进行平整。

三、草道等级

草道的建植与维护成本较高，且草道的维护与沙道是不一样的。赛道主管为了保持在不同季节的草的韧性、弹性以及冒绿程度，会将各种草类混杂播种。在赛事季节，赛道工作人员会割草，如果草道不平坦还会对其进行滚压、通气、施肥、杀虫、灭菌、浇水等等。

草的修剪、含水量的多少都会影响赛事。草的高度一般在 2 到 4 厘米。为了达到这一标准，赛道维护人员会在草道上行走，不间断地在不同的地方利用探针来测量草的高度。探针的读数具有非常大的主观性，各个维护人员所探测出来的数值可能一致，也可能存在较大的差别，即使是在不同的马场，其标准也可能不一样。

根据草道的坚固程度将草道分为下面几个级别：

坚固地：当草道处于最优条件时被称为坚固地，此时，草下面的泥土达到了最坚硬点。当然，为了草的正常生长，需要及时给赛道浇水。

好地：好地是含有水分，但是又没有达到饱和点的草道。当马匹在其上奔跑时，地面会具有更大的弹性。鉴别坚固地与好地的一个方法是，马匹在好地上奔跑比在坚固地上奔跑有更多的碎草皮被践起。

柔性地：地面含有太多的水分而会使马蹄陷入其中。竞赛时，柔性地上大块的草皮会被马蹄践起。

软地：草道内部全部是水，已近接近泥泞。马匹在该类赛道表面速度相当慢，因为马匹差不多是在沼泽地上奔跑。

四、赛道偏差

赛道偏差是指赛道各个部位不一致、不统一的情况。为保证赛事的公平，理论上讲应当尽可能让赛道的各个部位、地段达到高度统一，但在实际的操作中不可能做到完全的统一，为了尽可能提供公平、公正的竞赛场地，赛道维护人员要尽最大努力使赛道出现最小偏差。作为下注者的马迷来说，赛道偏差会影响马匹的发挥，是影响竞猜的因素之一，因此，在赌马中应当留意赛道的偏差。

第五节　装备

一、眼罩

眼罩是固定在笼头或头部的眼部遮罩物，眼罩的作用是阻碍马匹的视线以使其在竞赛中视力集中在正前方。眼罩非常简单，但对提高赛马成绩确实是非常有用的一个装备。

图6-5-1 佩戴眼罩的马匹

（一）使用眼罩

马匹的视野非常宽阔，仅臀部后方有小部分处于视野之外，其余大部分均处于马的视野范围之内，实际上马的视野快接近360°。眼罩的主要目的主要是限制马的视野，使其视野主要集中在正前方，以防止马匹在竞赛中走神。

竞赛中，某些马匹在奔跑时注意力会不集中，喜欢观看旁边的其他马匹、观众、树木等。眼罩就是为了保证它们的视力集中在正前方，同时在赛道上聚精会神地奔跑。当然，佩戴眼罩会导致马匹看不见后方而只能听到后方的声音，马匹也会由于受惊吓而快速奔跑。

图6-5-2　马匹视野范围图

多数情况下，新马在竞赛的时候不需要佩戴眼罩，如果确实需要，练马师会让这类马匹佩戴眼罩。赛事结束后，骑师会告诉练马师马匹在比赛中总是左顾右盼，注意力不集中。练马师一般会在晨训或者其他训练的时间给马匹带上眼罩以观察该眼罩是否对马匹有帮助。策骑会告诉练马师眼罩的佩戴对比赛成绩的影响。

（二）眼罩类型

眼罩有不同的类型与深浅。深浅指的是眼罩呈弯曲的一部分，这部分主要是为了遮挡马匹的周边视野。眼罩的深浅依据赛马的需要进行定制。

1. 全深眼罩

当马匹佩戴这种眼罩时，它能听到观众、其他马匹以及骑手的刺耳的声音，但是却看不到身后发生的任何事情，这样，马匹会由于害怕而全速前进。

2. 半深眼罩

这类眼罩可以帮助马匹稍微集中注意力并且变得易于操控。大部分骑师倾向于马匹佩戴半深的眼罩，因为此时马匹看起来更容易控制。

3. 四分之一深眼罩

这种眼罩提供比半深眼罩更广阔的视野。

4. 假眼罩

练马师使用假眼罩来保持马的注意力，但是马匹可以看清楚他们周围的任何东西。

5. 开缝眼罩

在眼罩的侧边开一条缝，这样马可以看到侧面的东西，但不会看到后面的东西。

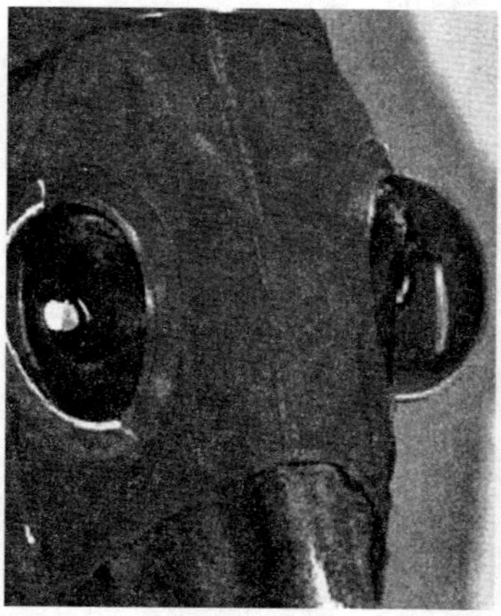

图5-5-3　开缝眼罩

图6-5-4　单边眼罩

图6-5-5防沙眼罩

（源自http://blog.sina.com.cn/s/blog_5d957ed60102uzum.html?tj=lady）

6. 单边眼罩

即眼罩只有一边有盖子，主要用来纠正内闪或外闪马。如果跑顺时针，则外闪马用左边眼罩，内闪马用右边眼罩，当马的一边眼睛被遮挡后，马便不会向被遮挡视线的方向斜跑。

7. 防沙眼罩

眼罩的前部分使用钢丝网封闭，可以透光，不影响马的视线，但是可以阻挡沙子，保护眼睛。

究竟佩戴哪种眼罩某种程度上来说需要反复进行试验。马匹的反应是不同的，练马师会尽力找出合适的眼罩以使眼罩能发挥作用。

二、衔铁

衔铁是一个金属的横条，置于马的嘴里，衔铁与缰绳相连，骑师可以通过缰绳来控制马匹。衔铁有各式各样的形状与大小，可由不锈钢、铜、橡胶、铁等原料制造。

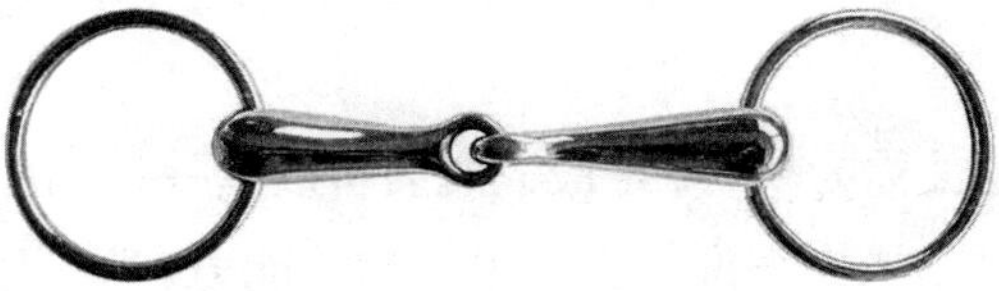

图6-5-6 普通衔铁

赛马获得成功的一大部分原因是由于竞赛中跑得比较放松。嘴部疼痛、咬牙或者一些口腔问题会导致马匹对衔铁感觉不适，这可能是导致马匹发挥失常的一个主要原因。为了纠正这个问题，练马师会寻找合适的衔铁以使马匹有舒服的感觉。例如，塑料衔铁通常用在牙齿有问题的马身上，但是塑料衔铁对于软口马匹来说也是非常好的选择。因此，在竞赛中应当关注马匹衔铁的变化。

三、绑腿

多数时候，绑腿是为了保护赛马的踝关节与韧带，尤其是绑腿用在后腿的时候。但是，如果绑腿被用在前腿，应该引起注意。

（一）后绑腿

在比赛中大多数马匹的两个后腿都会缠绕绑腿绷带。当马匹在快跑的时候，球节部位会撞击地面产生摩擦，容易对关节造成伤害，因此大部分会穿戴绑腿。

后绑腿对赛马能够起到良好的辅助作用。它能对马匹蹄子的快速离地提供力量与帮助。不佩戴绑腿参赛的马匹被称为光腿，不带绷带的马匹是健康优秀马匹的标志之一。

（二）前绑腿

当看到一匹马佩戴了前绑腿，应当考虑下这匹马是否出了问题。有时，前绑腿只是为了起保护作用。但更多的时候，练马师是为了稳固其踝关节。

这个可以以拳击手来作比较。拳击教练会在拳击手戴拳击套之前将其手部用绷带缠起来。绷带可以对手部起保护作用，以防在与对手较量时被击骨折。这个道理与保护马匹踝关节是一样的。

有时候，练马师会给马匹的前腿佩戴绷带以让其他的练马师来猜测该马匹的健康状况。在往绩统计中，一般以“f”来表示马匹佩戴了前绑腿。后绑腿不会标记。

四、阉割

被阉割过的马匹，也被称为骟马，是最大的装备改变——马匹被骟后是不能恢复的。阉割去掉了马的生育能力，严格来说是去掉了马的性能力，降低了马的进攻性。

骟马实际上是最强壮的赛马的一种。经过阉割后，马匹的性能会不断提升。骟马一般会在赛事手册等地方标注出来，虽然将一匹种马进行阉割是非常残忍的，但是这样做也是合乎逻辑的。下面就是一些最为常见的原因：

马匹好斗：快速有效地训练一匹马是不可能的，所以阉割将去掉马的大部分进攻性，使其易于训练。

睾丸过大：如果马匹的睾丸过大，会在竞赛中对马匹造成伤害。阉割后更能发挥马的潜能。

马匹隐睾：这种情况的发生对马匹来说是一种痛苦，也会影响马匹在赛场上的发挥。

血统不纯正：如果马匹没有优良的血统，练马师会认为它不会成为种公马而将其阉割。种公马是最好的赛马，因为当这些马匹退役以后，将被送去育种。

思想不集中：如果马匹在竞赛中仅关注母马或者其他的事物而思想不能集中，或者血统不够纯正，那么它将被阉割。这种做法是非常合算的，因为这些马匹不能作为种公马挣钱，那么只能让它们在赛场上挣钱。拥有一般血统的马匹被认为并不具备种公马的潜能。

五、蹄铁

马迷在下注时可能很少去考虑马蹄铁。有关马蹄铁的信息在马场或者电视中很难获得，同时理解这些信息也比较困难。

马场会告知马匹的后脚蹄铁但从不告诉你前脚蹄铁，因为80%的力量来之于后脚。下面是一些特殊的蹄铁：

防滑蹄铁：此类蹄铁在后部有一个挡板，帮助马匹在泥泞的地表获得更大的反冲力。当下雨或者赛道松软或者泥泞的时候某些马匹会佩戴此类蹄铁。当练马师把此类装备装在马蹄上，是合法的。

防护蹄铁：这类蹄铁能够给马匹更大的帮助，但却是马蹄有问题的标志。当马蹄受伤或者有划痕的时候需要此类蹄铁的保护。因此，此类蹄铁在竞猜中绝对是不良标志。

重要的脚部问题是蹄裂。蹄裂是蹄壁出现的裂缝。马蹄的裂缝就像人类指甲裂开了，对人类来说并不是一个很严重的问题，因为人并不用手走路，而对于马来说，却是个非常严重的问题。幸运的是，新兴的环氧树脂可以及时对蹄裂进行修补。

六、利尿剂

利尿剂是人类使用的一种药品。利尿剂是一种降低尿液中水分含量增加其盐分含量的药品。当马匹使用利尿剂时，能够降低（多数时候能够排除）内出血的概率。如果马匹确实是易出血的，利尿剂可以在头一次或者第二次对马匹起到帮助作用，随后，马匹的发挥就会变得稳定。

利尿剂是一种可以致瘾的药物，也就是说能让身体感觉不舒服。马匹在竞赛中失去了大量的水分，所以练马师必须在赛后给马匹补充电解质。利尿剂的注射应该在赛事前4小时进行，在赛马规则允许情况下由资格兽医进行。

第七章　赛马游戏信息的获取

第一节　赛马专业报纸

赛马发达的国家或地区具有专业的赛马报纸，比较典型的是美国的《每日赛报》、中国香港的马经等。

一、美国《每日赛报》

《每日赛报》（drf）创刊于1894年，从1998年开始进行了改进。1998年之前，编辑部刊布的信息与马场机构发布的信息雷同。现在，《每日赛报》不仅公布赛马中的各种信息，而且还有针对赛马业提出的很多的尖锐的问题。

（一）阅读《每日赛报》

《每日赛报》为马迷提供了与股票市场类似的全美国每场赛事的每匹赛马信息。对于新手来说，drf中的往绩数据和赛事结果图看起来就像是埃及的象形文字。这些东西简直令人发疯。但是，竞猜是建立在阅读这些信息和分析这些数据的基础之上的。下面是对drf进行的解读。

1. 马匹信息

竞猜的90%的比例是马匹，所以drf中关注的马匹信息及数据比骑师和练马师的要多，这并不奇怪。

马匹最基本的信息是名字、颜色、性别、年龄、出生年月，这些信息对竞猜者来说是非常重要的。

性别提示是因为母驹和母马很少和雄性马匹进行竞技，因为雄性马匹被认为比雌性马匹更强壮，速度更快。

年龄提示是因为当一个3岁马匹同4岁及以上年龄的马匹同台竞技时，后者在心智与体力上都比前者要成熟。

马匹的血统及相关信息也具有非常重要的指导性意义。例如：马匹是否在拍卖会被卖出的；马匹的父亲、祖父、曾祖父；为生它所支付的配种费；马匹的母亲、祖母、曾祖母；马匹的饲养者；马匹的出生地等。

2. 数据

往绩中的数据是非常重要的。对于竞猜有用的数据最好是真实的。但是，竞猜者对信息的看法是不同的。下面是对统计数据更深入的解释：

马匹：drf 的往绩中列出了马匹很多的记录（参赛的场数、头马的场数、第二名场数，第三名场数、赢得的资金）

马匹一生中所有的参赛都会被记录下来，包括当年的和前几年的。

当天的马场记录信息是选马的主要参考。马匹有时擅长于沙道或者草道并且在该类赛道上表现优异。

当天的比赛距离和赛道表面记录。

在湿润赛道和草道上进行比赛的所有记录。

湿润赛道、草道和耐力赛的汤姆林森分类等级注[1]。

骑师：骑师信息列出了当年的赛事名称及赛事的相关记录。赛事记录包括出赛的场次、获得头马的场次、获得第二的场次、获得第三的场次以及获胜的百分比。优秀的骑师的获胜百分比较高，达到 20% 甚至更高。

练马师：练马师的信息列出了名字、赛事记录以及比赛记录。Drf 中包括骑师的训练记录，一般开头会以"Trainer"开头进行标记。

训练资料：这些信息位于 drf 的底部，以"works"开头的那一行，在"trainer"行的上方。训练资料包括了训练的日期、训练地点、距离、赛道情况、最终时间等。这些信息也包括技术员对当天同班马匹进行相同距离训练的一个比较评论。

计时员的评论信息：常以字母代表，包括：B 代表小跑，D 代表快跑，d 代表紧随，g 代表从闸箱处起步，H 代表敏捷，tr.t 代表训练赛道。A 表示在晨选中表现优秀等。

3. 往绩数据

竞赛日期：健康良好及运动正常的马匹应该每 3 到 6 周出赛一次。

分部时间：即 1/4，1/2 英里所用的时间。

赛事类型与级别：这些信息告诉你马匹所处的类别。

拜尔速度数据：正确使用数据，这个数据统计在竞猜时为去除慢速马匹提供了捷径。

距离领头马的距离与位置：这能显示出马匹属于哪种类型，如领头型、中间型、跟

[1] 汤姆林森分类等级是马匹处理湿润赛道、草道表面或耐力赛的一种能力指标。该数据越高，等级越高。300 是很好的一个等级，任何超过 400 的马匹都是非常优秀的马匹。

随型。

赔率：这些赔率显示了公众在之前的赛事中对马匹的热爱程度。

获胜排名：这些信息提供了同类马匹同台竞技时的排名状况。

评论：这些信息指出了马匹在竞赛中遇到的问题。

（二）Drf 的阅读方法

赛马中没有最好的竞猜方法。马迷会花费年把的时间改进它们下注的策略与方式，以更加适应自身状况并获得成功。学习如何竞猜的美妙之处在于阅读正文，关注感兴趣的使用信息，舍去剩余的部分，然后构建赛事模型。

1. 从下往上阅读

建议从下往上对马匹的往绩进行阅读，因为马匹的履历是以相同的方式建立的。从下至上阅读能够养成以练马师的思维来思考马匹，练马师通常会有一个建立于之前赛事的竞赛计划，可以观察到练马师的一些策略的改变，例如从沙地换成草地，从速度赛转向耐力赛，装备及护理的改变等。

2. 标记 drf

一份新的 drf 是一张原始的报纸，眉头上有一个红色的标记。不必担心是否保持漂亮的内容。在认为重要的地方要做标记，不要由于个人疏忽，没有做标记导致失去下注。

标记任何重要的信息：是否带眼罩、使用利尿剂、赛道湿润、骑手更改以及问题评论。

3. 研究拜尔速率图

拜尔速率图包含于 drf 往绩中，该图表以其开发者命名，安德鲁·拜尔是华盛顿邮报赛马专栏著名的作家，他开发了拜尔速率图。这些数据对竞猜来说非常准确有用。

拜尔速率图精确地对往绩进行了统计。例如，如果一匹马在拜尔速率图中为 70，则通常能打败数值为 60 的马匹。拜尔速率图也测定从其他马场引入的马匹的质量。

在拜尔数据图中，评分越高的马匹，其速度越快。下列情况需要依据特殊马场的赛事情况进行适当调整：

85 ~ 99 的马匹一般处于让步赛和可选预购赛水平。

70 ~ 84 的马匹处于高价预购赛中间。

55 ~ 69 的马匹处于中级预购赛的底端。

小于 54 的马匹一般是新马，跑的并不快。

最低的数值是 0，最差的马匹处于这个分值。

拜尔速率图是一个伟大的工具，但是在拜尔数据中分值最高的马并不是总能够赢得比赛。这些马可能是幸运儿，或者是最优秀的动物，但是想在它们身上下注，应当考虑多种因素。

（三）Drf图注

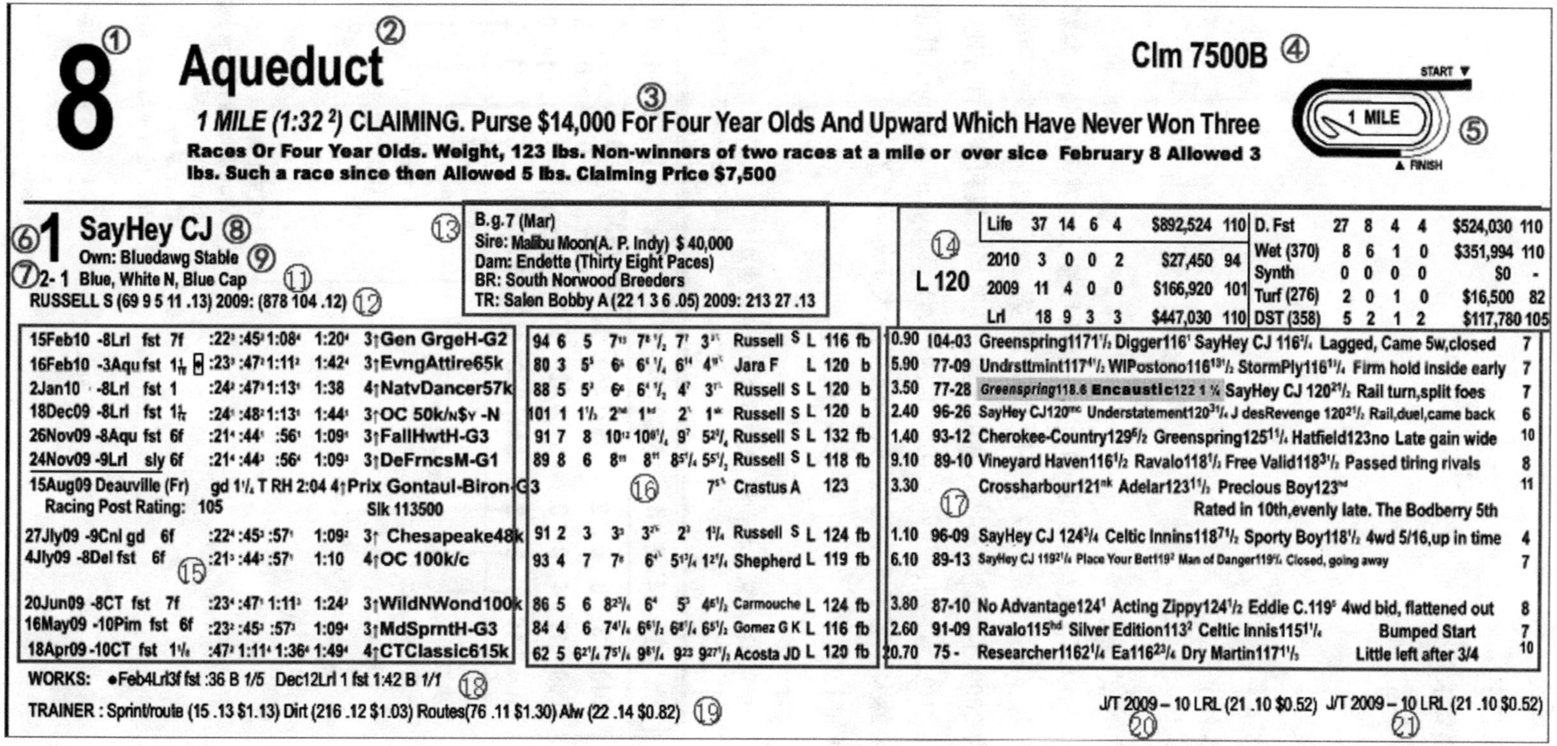

图7-1-1　Drf（来源www.drf.com）

①赛事场次。

②马场名字。

③竞赛要求简介。

④赛事类型。

⑤赛道图。

⑥马鞍号。

⑦预测赔率。

⑧马匹名字。

⑨马主。

⑩彩衣颜色。

⑪最后一次骑乘该马匹的骑师，第一个括号显示本赛季该骑师参赛的场次，获得第一名、第二名、第三名的场次及获胜百分比，第二括号内显示该骑师前一年或当年（本图上显示为2009年）骑乘马匹参赛的次数，获胜场次数和获胜百分比。

⑫马匹颜色、性别、马匹年龄（本例中，B=bay，g=gelding，其他还有c=colt、f=filly、H=年龄大于等于5岁的公马、M=年龄大于等于5岁的母马）。

⑬解释如下：

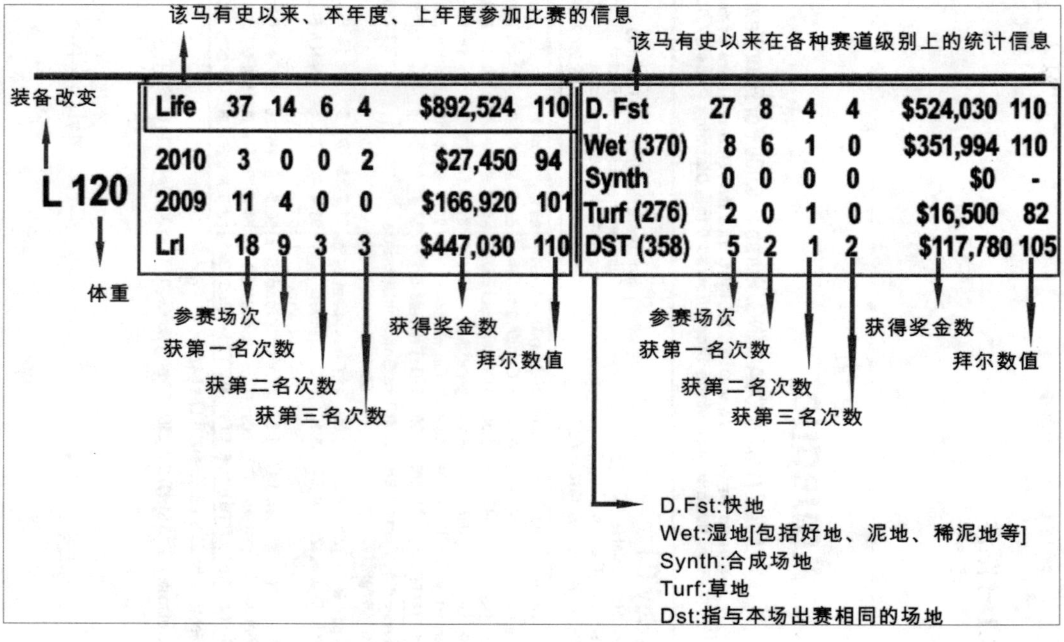

图7-1-2

⑭解释如下：

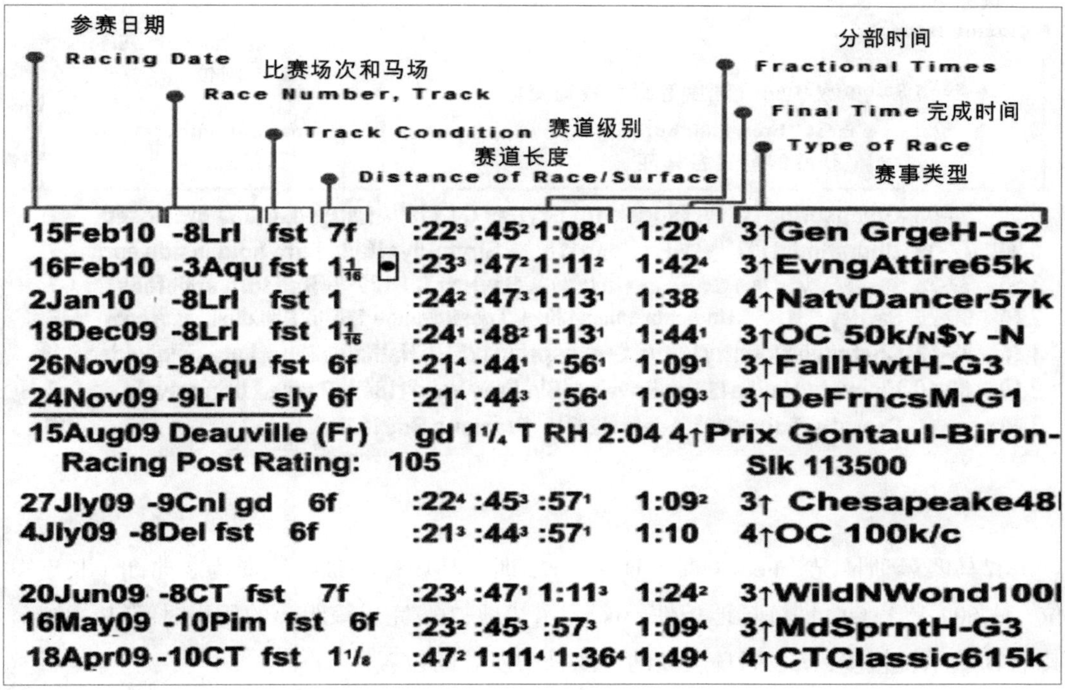

图7-1-3

⑮解释如下：

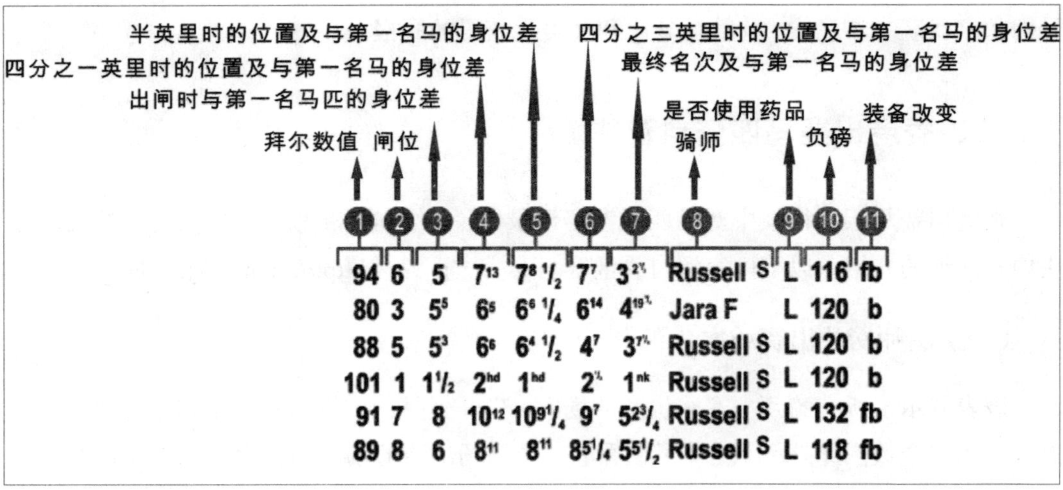

图7-1-4

⑯解释如下：

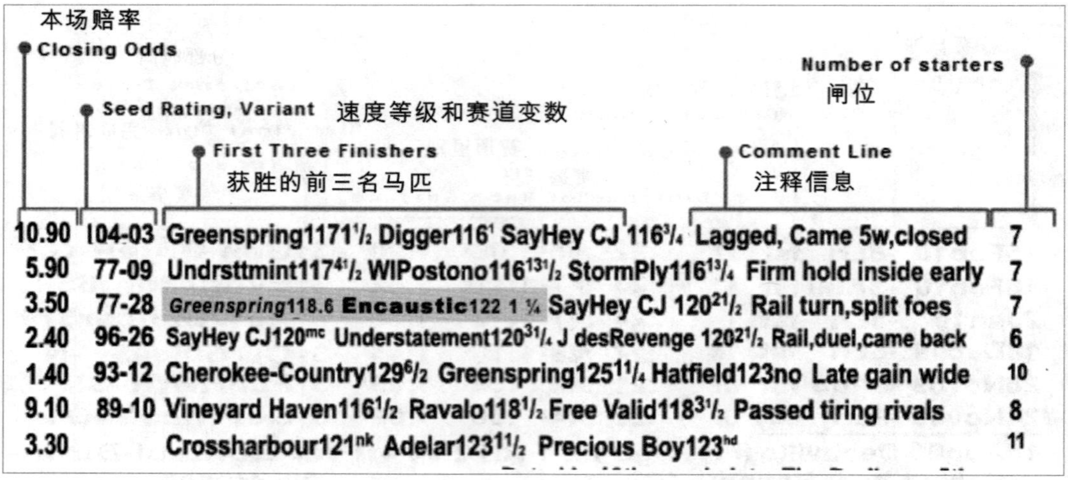

图7-1-5

⑰马匹晨训情况。Feb4：训练日期；Lrl：训练马场；3f：训练距离为 3 弗朗（长度单位，月 604 米）；fst：训练场地条件，fst 表示快地；36：完成该距离的所用时间；B：注释，其中 B 表示轻快步；1/5：当日晨训的 5 匹马中所处的位置。

⑱练马师信息统计。每种赛事中出赛的场次，获胜的百分比和 2 美元下注获得的回报。

⑲骑师 / 练马师在两年内的统计信息。即甲骑师骑乘甲练马师的马匹参赛的统计信息，括号内数字代表所骑马匹数量、获胜百分比和 2 美元获得的回报。

⑳骑师 / 练马师统计信息。即甲骑师骑乘甲练马师的马匹参赛的所有统计信息，括号内数字代表参赛场次、获胜百分比和 2 美元获得的回报。

二、香港出赛马匹资料及往绩

香港出赛马匹和往绩中对马匹的参赛记录做了非常详细的统计，包括马薄的阅读方法均有详细的介绍。以下内容源自香港赛马会官方网站（http://racing.hkjc.com）。

（一）骑师榜及出赛场次分布表

该表展示了所有骑师本赛季出赛的场次，获得冠军、亚军、季军的场次，获胜比例、上名率和奖金数。此外，还统计了在香港三个马场出赛的场次和获胜信息以及过去一个月的参赛信息等。

表7-1-1　骑师榜及出赛场次分布表

本赛季								沙田草地				沙田全天候跑道				跑马地草地				过去30日		自上次获胜以来
冠	出赛次数	胜出率	骑师	亚	季	上名率	奖金	冠	亚	季	出赛次数	冠	亚	季	出赛次数	冠	亚	季	出赛次数	冠	出赛次数	出赛次数
18	79	22.8%	黄胜	12	13	31.6%	15636338	12	4	6	43	1	2	-	6	5	6	7	30	15	69	6
10	75	13.3%	李四	8	9	22.7%	9303450	5	7	6	40	-	-	1	7	5	1	2	28	7	66	1
8	70	11.4%	张其	6	6	17.1%	8561275	7	2	2	41	-	-	2	8	1	4	2	21	8	61	12
···																						

（二）练马师榜及统计资料

表7-1-2　练马师榜及各马厩马匹出赛场次分布表

本赛季								沙田草地				沙田全天候跑道				跑马地草地				过去30日		自上次获胜以来
冠	出赛次数	胜出率	练马师	亚	季	上名率	奖金	冠	亚	季	出赛次数	冠	亚	季	出赛次数	冠	亚	季	出赛次数	冠	出赛次数	出赛次数
10	65	15.4%	李中生	8	5	20.1%	8772850	8	7	3	46	-	-	-	4	2	1	2	15	10	57	3
9	45	20.0%	代建国	3	2	11.1%	5566675	3	2	-	23	-	-	1	4	6	1	1	18	8	39	1
7	81	8.6%	曹东华	9	9	22.2%	6855013	-	4	3	43	4	-	4	10	3	5	2	28	7	71	7
⋮																						

（三）马薄及其阅读方法

1. 香港马薄相当于竞赛前有关马匹、骑师等各种信息资料的一个统计图表

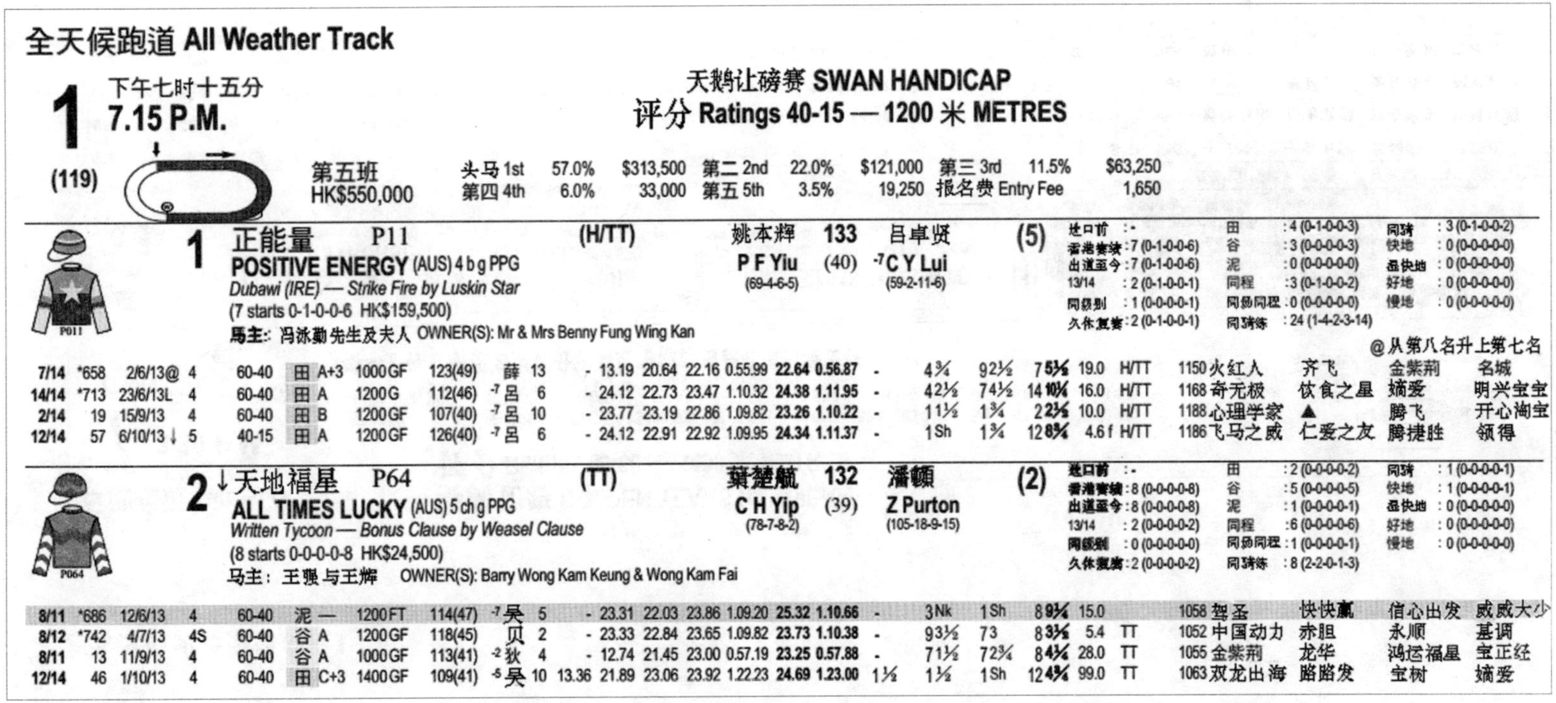

图7-1-6

2. 马薄的阅读方法及注释

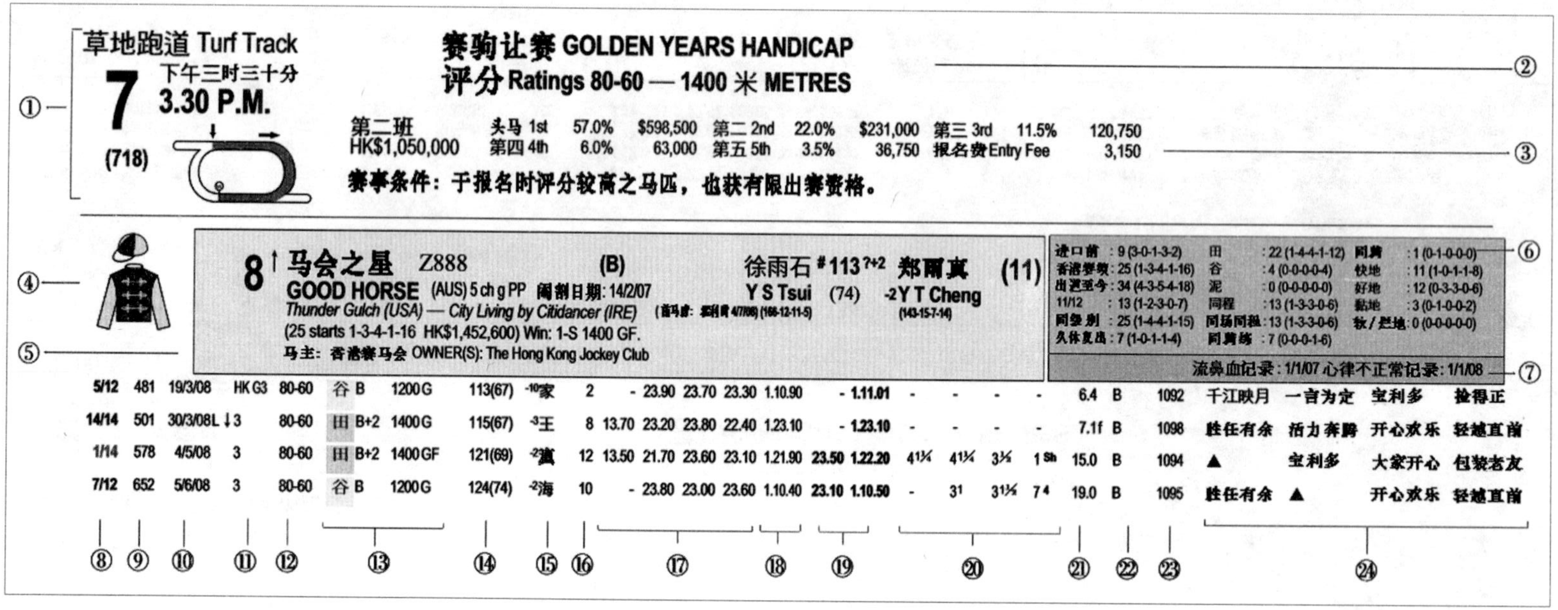

图7-1-7

（1）注释

①场次、开跑时间、赛事索引编号及出赛跑道。

②赛事名称、评分幅度及途程。

③奖金分配、报名费及赛事条件（如有）。

④彩衣。

⑤马匹资料如下：

表7–1–3

马匹编号及中、英文名称 马匹烙号 眼罩/半边眼罩/喉托/交叉鼻箍/耳塞/头罩/防沙眼罩/半掩防沙眼罩/鼻箍/羊毛额箍/羊毛面箍/系舌带/开缝眼罩 马匹资料：出生地、年龄、毛色、性别、进口类别及在香港阉割日期 血统：父系、母系及外祖父名称 所胜赛事详情，详列在相同跑道/途程/场地胜出次数，例如3H1000G/GY（2）即曾在跑马地草地一千米赛事中胜出三次，其中一次跑好地，两次跑好至黏地	练马师姓名、上四次出赛期内及今季出赛次数—冠—亚—季	负磅、马匹评分及显示骑师可能超磅出赛	骑师姓名、自由身骑师/见习骑师所获减磅及今季出赛次数—冠—亚—季	档位

⑥往绩一栏：显示所跑赛事的班次、赛道、途程及场地状况，并顺序列出总出赛次数及第一、第二、第三、第四和落第次数。

场地状况一栏：

草地跑道：快地：好至快地，快地；好地：好地，好至黏地；黏地：黏地；软/烂地：黏地至软地，软地，大烂地。

全天候跑道：快地：快地；湿快地：湿快地；好地：好地；慢地：慢地，受雨天影响，湿慢地。

注：包括本地及海外赛事。

⑦伤病记录及日期。

⑧所获名次及出赛马匹数目。

⑨对上各场赛事索引编号。

⑩赛事日期。

⑪赛事班次。

⑫评分幅度。

⑬出赛跑道、赛道、途程及场地状况。

⑭负磅按让磅制计算，减去任何可获的减磅或加上任何因加磅及超重所致的磅数，

以及马匹的评分（括号内）。

⑮骑师姓名简称、自由身骑师/见习骑师所获减磅：-10=十磅，-7=七磅，依此类推。

⑯档位。

⑰赛事分段时间（以领先马匹为准）。

⑱完成时间。

⑲马匹末段分段时间（四百米至终点）及完成时间。

⑳沿途走位及与领先马匹距离，最右端为所获名次及与头马距离。

㉑赔率及大热门。

㉒戴眼罩/戴单边眼罩/戴喉托/戴交叉鼻箍/戴耳塞/戴头罩/戴防沙眼罩/戴单边半掩防沙眼罩/戴半掩防沙眼罩/戴鼻箍/戴羊毛额箍/戴羊毛面箍/戴单边羊毛面箍/绑系舌带/戴开缝眼罩。

㉓马匹体重。

㉔该赛前四名赛驹名称。

（2）缩略语

表7–1–4

↑	今赛较上赛班次为高	DH	平头	Ns	鼻位
↓	今赛较上赛班次为低	D	取消资格	Sh	短马头位
F	首次参加让赛	L	包尾	Hd	头位
?+1	可能超重一磅	DNF	没有跑完全程	Nk	颈位
?+2	可能超重两磅	PU	拉停	W（v）	因健康理由宣布退出
#	负磅于宣布出赛时已提升至最低的113磅或116磅	TNP	并无参加竞逐	W（r）	因拒绝入闸宣布退出
T	转自另一赛事	UR	骑师坠马	W（x）	因任何其他理由而宣布退出
※	包括七磅加磅	V	赛事取消		
f	大热门	%	分龄让磅制适用		
	全天候跑道赛事	*	按分龄让磅制获让五磅，但负磅于宣布出赛时已提升至最低113磅		

（3）马匹配备缩略语

表7–1–5

B	眼罩	P	防沙眼罩	V	开缝眼罩
BL	左边防斜跑刺垫	PC	半掩防沙眼罩	XB	交叉鼻箍
BO	单边眼罩	PS	单边半掩防沙眼罩	1	首次
BR	右边放斜跑刺垫	RB	环形衔铁	2	重戴
CC	喉托	RO	滚杆形衔铁	-	除去
CP	羊毛面箍	RT	环形压舌衔铁		
CO	单边羊毛面箍	RU	橡胶衔铁		
E	耳塞	SB	羊毛额箍		
H	头罩	SR	鼻箍		
LB	防斜跑衔铁	TB	压舌衔铁		
NB	双杆形衔铁	TT	系舌带		

三、内地赛马信息

目前，内地举办赛马竞赛最好的马场当属武汉东方马城。东方马城在每年的 10 月底会举办国际赛马节，自 2014 年开始，每周六举办赛马常规赛事。此外，东方马城还承办国内外各种大型赛事，是目前内地权威的赛事平台。每当举办赛事时，东方马城会编写赛事手册，其中包含马匹、骑师等的相关信息。

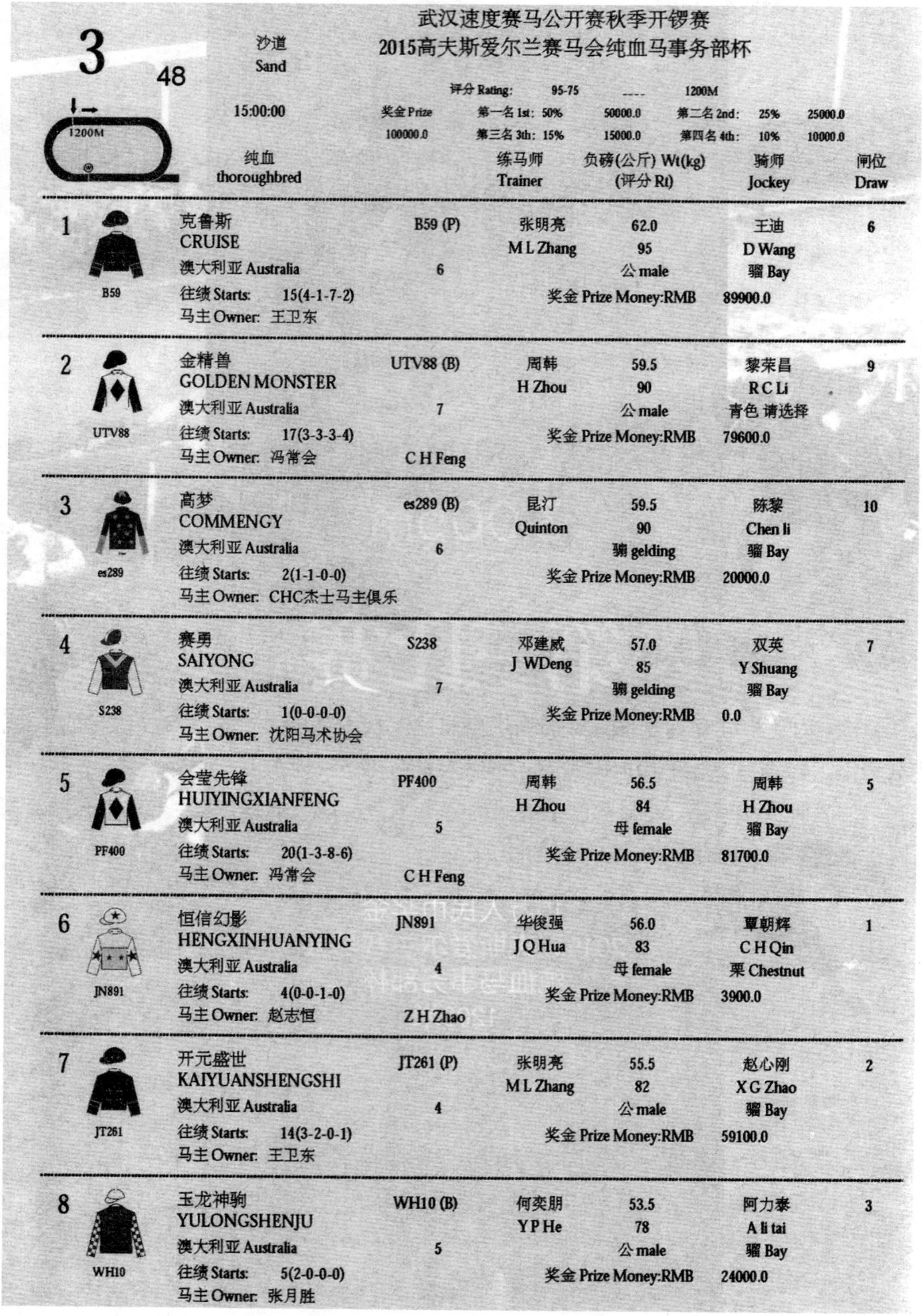

武汉速度赛马公开赛秋季开锣赛
2015高夫斯爱尔兰赛马会纯血马事务部杯

3 48

沙道 Sand

15:00:00

1200M

纯血 thoroughbred

评分 Rating: 95-75 ---- 1200M

奖金 Prize 100000.0 第一名 1st: 50% 50000.0 第二名 2nd: 25% 25000.0 第三名 3th: 15% 15000.0 第四名 4th: 10% 10000.0

				练马师 Trainer	负磅(公斤) Wt(kg) (评分 Rt)	骑师 Jockey	闸位 Draw
1	B59	克鲁斯 CRUISE 澳大利亚 Australia 往绩 Starts: 15(4-1-7-2) 马主 Owner: 王卫东	B59 (P) 6	张明亮 M L Zhang	62.0 95 公 male	王迪 D Wang 骝 Bay	6
		奖金 Prize Money:RMB 89900.0					
2	UTV88	金精兽 GOLDEN MONSTER 澳大利亚 Australia 往绩 Starts: 17(3-3-3-4) 马主 Owner: 冯常会	UTV88 (B) 7 C H Feng	周韩 H Zhou	59.5 90 公 male	黎荣昌 R C Li 青色 请选择	9
		奖金 Prize Money:RMB 79600.0					
3	es289	高梦 COMMENGY 澳大利亚 Australia 往绩 Starts: 2(1-1-0-0) 马主 Owner: CHC杰士马主俱乐	es289 (B) 6	昆汀 Quinton	59.5 90 骟 gelding	陈黎 Chen li 骝 Bay	10
		奖金 Prize Money:RMB 20000.0					
4	S238	赛勇 SAIYONG 澳大利亚 Australia 往绩 Starts: 1(0-0-0-0) 马主 Owner: 沈阳马术协会	S238 7	邓建威 J WDeng	57.0 85 骟 gelding	双英 Y Shuang 骝 Bay	7
		奖金 Prize Money:RMB 0.0					
5	PF400	会莹先锋 HUIYINGXIANFENG 澳大利亚 Australia 往绩 Starts: 20(1-3-8-6) 马主 Owner: 冯常会	PF400 5 C H Feng	周韩 H Zhou	56.5 84 母 female	周韩 H Zhou 骝 Bay	5
		奖金 Prize Money:RMB 81700.0					
6	JN891	恒信幻影 HENGXINHUANYING 澳大利亚 Australia 往绩 Starts: 4(0-0-1-0) 马主 Owner: 赵志恒	JN891 4 Z H Zhao	华俊强 J Q Hua	56.0 83 母 female	覃朝辉 C H Qin 栗 Chestnut	1
		奖金 Prize Money:RMB 3900.0					
7	JT261	开元盛世 KAIYUANSHENGSHI 澳大利亚 Australia 往绩 Starts: 14(3-2-0-1) 马主 Owner: 王卫东	JT261 (P) 4	张明亮 M L Zhang	55.5 82 公 male	赵心刚 X G Zhao 骝 Bay	2
		奖金 Prize Money:RMB 59100.0					
8	WH10	玉龙神驹 YULONGSHENJU 澳大利亚 Australia 往绩 Starts: 5(2-0-0-0) 马主 Owner: 张月胜	WH10 (B) 5	何奕朋 Y P He	53.5 78 公 male	阿力泰 A li tai 骝 Bay	3
		奖金 Prize Money:RMB 24000.0					

图7-1-8 赛事手册（源自东方马城）

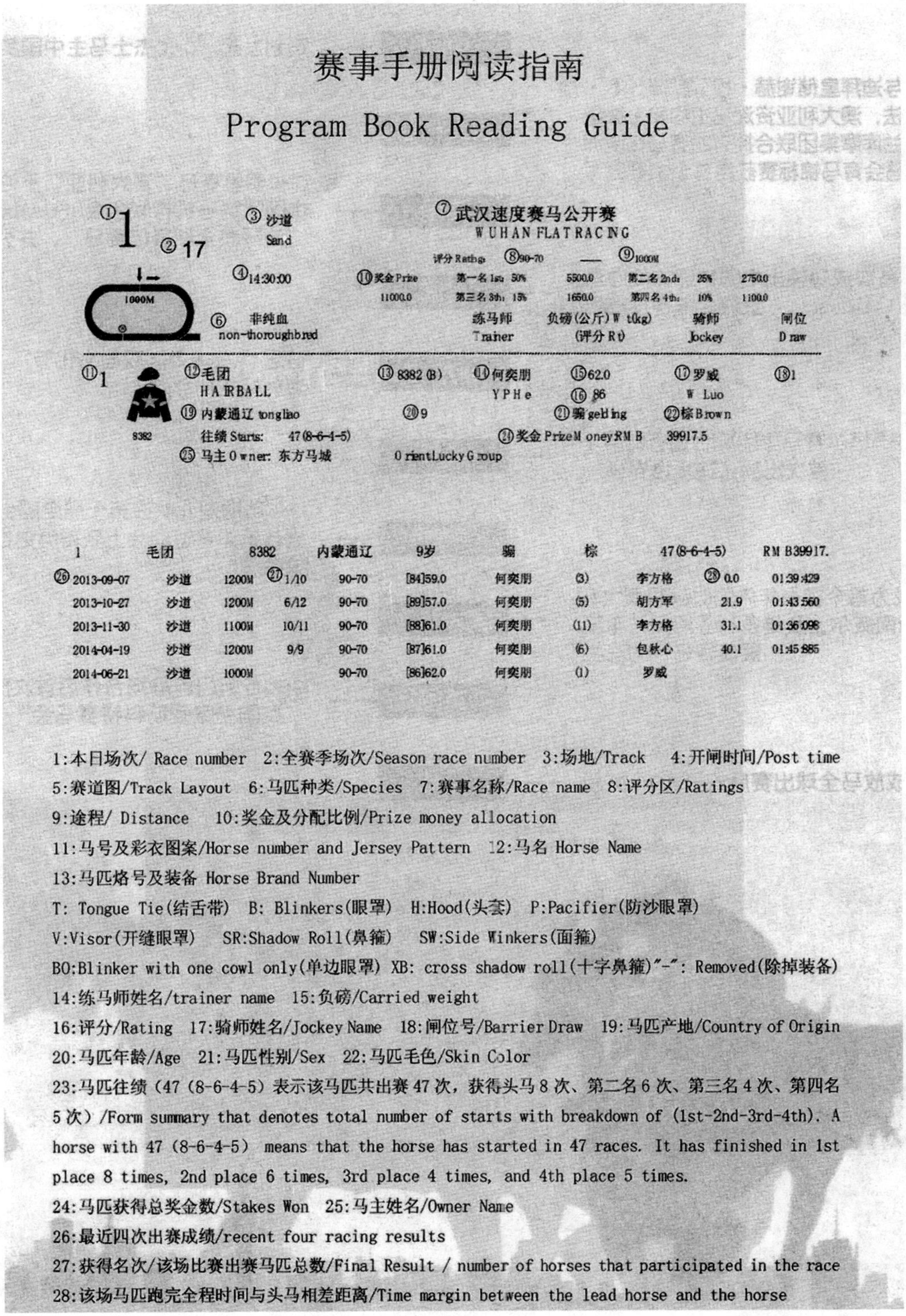

赛事手册阅读指南

Program Book Reading Guide

①1　②17　③沙道 Sand　④14:30:00

⑤1000M

⑥非纯血 non-thoroughbred

⑦武汉速度赛马公开赛 WUHAN FLATRACING

评分 Rating ⑧90-70 —— ⑨1000M

⑩奖金 Prize 11000.0　第一名 1st: 50% 5500.0　第二名 2nd: 25% 2750.0　第三名 3th: 15% 1650.0　第四名 4th: 10% 1100.0

练马师 Trainer　负磅(公斤)Wt(kg)(评分 Rt)　骑师 Jockey　闸位 Draw

⑪1　⑫毛团 HAIRBALL　⑬8382(B)　⑭何奕朋 YPHe　⑮62.0 ⑯86　⑰罗威 W Luo　⑱1

8382　⑲内蒙通辽 tongliao　⑳9　㉑骟 gelding　㉒棕 Brown

往绩 Starts: 47(8-6-4-5)　㉔奖金 PrizeMoneyRMB 39917.5

㉕马主 Owner: 东方马城 OrientLucky Group

1	毛团	8382	内蒙通辽	9岁	骟	棕	47(8-6-4-5)	RMB39917.		
㉖2013-09-07	沙道	1200M	㉗1/10	90-70	[84]59.0	何奕朋	(3)	李方格	㉘0.0	01:39:429
2013-10-27	沙道	1200M	6/12	90-70	[89]57.0	何奕朋	(5)	胡方军	21.9	01:43:560
2013-11-30	沙道	1100M	10/11	90-70	[88]61.0	何奕朋	(11)	李方格	31.1	01:36:098
2014-04-19	沙道	1200M	9/9	90-70	[87]61.0	何奕朋	(6)	包秋心	40.1	01:45:885
2014-06-21	沙道	1000M		90-70	[86]62.0	何奕朋	(1)	罗威		

1:本日场次/ Race number　2:全赛季场次/Season race number　3:场地/Track　4:开闸时间/Post time

5:赛道图/Track Layout　6:马匹种类/Species　7:赛事名称/Race name　8:评分区/Ratings

9:途程/ Distance　10:奖金及分配比例/Prize money allocation

11:马号及彩衣图案/Horse number and Jersey Pattern　12:马名 Horse Name

13:马匹烙号及装备 Horse Brand Number

T: Tongue Tie(结舌带)　B: Blinkers(眼罩)　H:Hood(头套)　P:Pacifier(防沙眼罩)

V:Visor(开缝眼罩)　SR:Shadow Roll(鼻箍)　SW:Side Winkers(面箍)

BO:Blinker with one cowl only(单边眼罩) XB: cross shadow roll(十字鼻箍)"-": Removed(除掉装备)

14:练马师姓名/trainer name　15:负磅/Carried weight

16:评分/Rating　17:骑师姓名/Jockey Name　18:闸位号/Barrier Draw　19:马匹产地/Country of Origin

20:马匹年龄/Age　21:马匹性别/Sex　22:马匹毛色/Skin Color

23:马匹往绩（47（8-6-4-5）表示该马匹共出赛 47 次，获得头马 8 次、第二名 6 次、第三名 4 次、第四名 5 次）/Form summary that denotes total number of starts with breakdown of (1st-2nd-3rd-4th). A horse with 47 (8-6-4-5) means that the horse has started in 47 races. It has finished in 1st place 8 times, 2nd place 6 times, 3rd place 4 times, and 4th place 5 times.

24:马匹获得总奖金数/Stakes Won　25:马主姓名/Owner Name

26:最近四次出赛成绩/recent four racing results

27:获得名次/该场比赛出赛马匹总数/Final Result / number of horses that participated in the race

28:该场马匹跑完全程时间与头马相差距离/Time margin between the lead horse and the horse

图7-1-9　赛事手册阅读指南（源自东方马城）

第二节　赛马高级资源

一、纯血马信息服务网（brisnet）

Brisnet 表示纯血马信息服务网。布罗德本特家族于 20 世纪 70 年代在肯塔基的列克星敦进行这项研究。早年的研究主要集中在马匹的血统上面，而且是为育马者和马主服务的，但是，后来很多马迷要求其研究更多的信息以便为竞猜及下注服务。该网络目前为马迷提供非常多的竞猜产品服务选择。该网络的网站是 www.brisnet.com，这个网站对于在家竞猜和下注的马迷来说非常有用。

二、Equiform

Equiform 是在 ragozin 的基础上发展出来的，它把影响马匹竞赛中的各种因素考虑其中，为竞猜和下注提供了方便。访问网站 www.equiform.com 可以获得更多的信息。

图7-2-1　equiform网站首页

三、Ragozin表格

Ragozin 表格是一个数据表格（www.thesheets.com）。Len Ragozin 创建此表格的出发点是为了开发一种新的选马方式和易于查询的词汇表。在该表格发明之前 drf 是唯一的选马参考工具。Ragozin 在成绩的基础上发明了一个数字分类，该分类非常准确而且能够指出哪些马匹属于潜力马以便下注。马匹的往绩在半张表格上就能够打印出来。该表改变了竞赛中考虑风速、体重、赛道状况等因素进行选马的方式。他发明了术语——平衡，这个在赛马中是通用的。

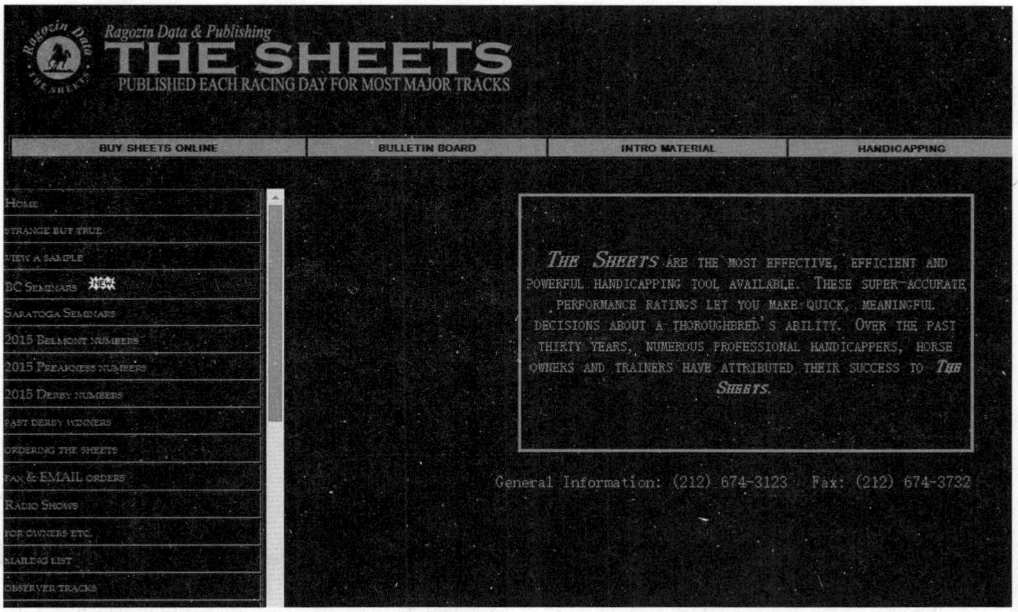

图7-2-2　The sheets网站首页

第三节　获取赛马信息的其他途径

一、网络

如果想要了解赛马的各种信息，赛马协会的网站是最好的地方之一。这类网站非常权威，数据及时准确。常见的国家或地区的赛马协会网站列举如下：

香港赛马会：http://racing.hkjc.com

美国《每日赛报》：http://www.drf.com

日本中央竞马会：http://www.jra.go.jp

澳门赛马会：http://www.mjc.mo/race/info/index.php

新加坡赛马会：http://cn.turfclub.com.sg/Pages/Homepage.aspx

澳大利亚赛马会：https://www.australianturfclub.com.au

马来西亚赛马会：http://www.turfonline.com

英国赛马会：http://www.horse-racing.co.uk

二、电视

电视是观看赛马比赛和获得信息的一个重要渠道。某些国家和地区有专门的赛马频道，用于播放赛马赛事。在内地，一般是通过体育频道进行赛马节目播出。由于目前赛马产业在内地处于发展阶段，还没有设立专门的电视频道进行赛马直播，各地均于赛马日在某个频道或固定体育频道进行赛事直播。

三、当地报纸

像美国、中国香港等国家和地区均有专门针对赛马进行报道的专业报纸。在内地，赛马信息一般会刊登在当地报纸的专门板块上。可以通过购买当地的报刊了解赛马的相关信息。

四、手机应用

手机应用越来越流行，常见的有微博、微信、专门手机软件等。例如，每个马场会开设专门的微博号、微信公众平台，用户可以通过关注微博号和微信公众平台获取赛马的相关信息。有些马场会开发专业的手机应用软件，用户可以通过下载手机软件了解赛马的相关信息。下图为东方马城微信公众平台主页面。

图7-3-1　东方马城微信公众平台主页面

第八章　赛马游戏技巧

第一节　构建赛事模型

一、对竞赛马匹进行分类

随着时间的流逝，马匹会养成出一种极具个性的奔跑习惯。这种习惯可能是练马师造就的，也可能是马匹自己养成的，毕竟马是一种有智商的动物。无论如何，马匹的竞赛习惯已经养成，作为马迷和下注者，应当了解每匹马的竞赛习惯，然后对所要下注的赛事进行分析，构建赛事模型。一般按照马匹的竞赛习惯将马匹分为三种类型：领头型、跟随型、后劲型。

（一）领头型

在马匹的往绩中，领头型马匹在比赛开始的时候通常处于马群第一或者第二的位置。

为了建立一个赛事的模型，第一件要做的事情是找出领头型的马匹，即，该马没有其他的马匹与之竞争。如果该马在一开始便拉开其他领头型马 1 至 3 个身位，那么它会很放松地一直保持领头优势直到终点，这种情况被成为领跑获胜。

（二）跟随型

跟随型马匹总是距离领头马几个身位。在马匹的往绩中，跟随型马匹一般在开闸后的早期处于第三、第四的位置。

这种马在任何地方都是危险的。如果早期的速度较快，它可能在领头马困倦的时候处于合适的位置。如果早期的速度较慢，骑师必须调整速度以尽快让其融入比赛并且阻止领头马获胜。

（三）后劲型

处于马群后面的马一般称为后劲型，骑师一般会等到只剩四分之一英里的距离时才开始加速。在四分之一英里处有一个标志点，是快到终点的一个标识。

对于多数赛事来说，后劲型马匹会在马群的后半部分等待时机，直到最后四分之一英里的时候才开始冲刺。此时，骑师以最快的速度尝试超过领头马和跟随型马。

多数马迷喜欢下注后劲型马匹，因为这类马在比赛时能够让人兴奋。但是，对这类马下注也是最头疼的，因为它们必须在短时间内跑过很长的距离才能取胜。这种情况下，后劲型马通常会被其他的马匹阻挡而遇到位置被卡问题，此时后劲型马一点办法也没有。后劲型的策略是让前面的马匹首先疲劳，而把自己的能量留在后面发挥。如果所有马匹早期的步伐较慢，那么后劲型的这个策略就不管用了，因为这种情况下前面的马匹仍然有足够的体力完成比赛。

二、赛道因素

（一）沙道

多数国家和地区的赛道以沙道为主，这主要是由于沙道建造和维护的成本比草道低以及沙道更能适应全天候的比赛等因素决定的。

现代赛马更倾向于向速度倾斜，以至于赛马赛事更偏向于速度赛，而对于耐力赛的关注度则在逐渐降低。由于速度赛能够使马迷更加兴奋、更加有激情，所以现代马匹的育种和训练也更加趋向于速度而轻视耐力。沙道竞赛时有些小技巧应当引起注意。

由于多数赛道是椭圆型，所有赛程至少会经过一个弯道，而弯道内侧的距离要比外侧的距离短得多，因此，从理论上讲，越是靠近内侧护栏奔跑，则在完成比赛时马匹所跑的距离越短。但是，在赛道上有很多特殊的情况导致骑师不可能一直在内侧护栏处进行比赛。有些骑师，即使是在最前面的骑师，会在离内侧护栏 2 至 3 个马匹宽度的地方奔跑。下面是造成此现象的原因：

①避免被前面的马蹄踢溅的泥块击中：如果赛道的建筑质量较差或者含水量较大，前面的马匹在奔跑中会溅起大量的泥块或者沙子，这种情况对于后面的马来说非常危险，可能会伤害到马匹，也可能会伤害到骑师，这也是为什么很多马匹会带防沙眼罩和骑师佩戴眼镜的原因。

②避免被其他马匹阻挡：当前面的马匹疲劳，速度下降时，会阻挡正后方的马匹，因此很多骑师会在奔跑过程中更改路线，改向空间更大的外侧。

③让马匹保持放松：晨训中，当要求马匹加速时，马匹一般位于内侧护栏附近。当马匹在训练或者放松状态下被加速，它们至少要距离内侧护栏 4 到 5 个马宽。马匹像人一样，具有很多的习惯。所以，当骑师在领头位置进行加速时，马匹有点放松的倾向，会离内侧护栏有一定的宽度。

（二）草道

在草道上进行赛事时的原理与沙道相反。在草道上竞赛时，大部分的骑师在出闸后会压制马匹的速度，不让其跑得太快，尽量避免处于领头的位置。在草道上处于领头位置不是一个好的现象。如果骑师将马匹控制在其他马匹的后面，那么，马匹在奔跑时所受到的风的阻力就小。马在草道上奔跑的速度要比沙道上快，因此，处于领头位置的马匹所受到的风的阻力也就要大，所以，大部分骑师在草道上竞赛时会采取跟随的方式以降低阻力从而保存马的体力。

草地赛与沙道赛不同，内侧临时性护栏对赛事的影响较大。大部分马场仅有一个草道。如果内侧护栏设置成固定形式的，那么接近内侧护栏一侧的草坪会被马蹄频繁地践踏和损坏。为了避免这种情况的发生，赛道上有多个临时的护栏位置。依据草道宽度的不同，可能有二、三甚至是四个临时护栏位置。当草地被使用一次后，赛道的管理人员会将内栏向外移动以让被践踏过的草地重新恢复或者种植新草。

研究显示，临时护栏与外侧护栏越远，对领头马越有利，这种现象在所有的马场都一样，无一例外。

三、由于马匹参赛资格的取消而改变策略

马匹参赛资格被取消是经常会发生的事情，这就意味着马匹不能参加比赛。马匹参赛资格被取消可以在开闸前的任何时候。例如，马匹在规定的进闸时间内无法进闸的；当马匹进闸后狂躁不安，冲出了闸箱，把骑师摔下来等情况。此时，赛道裁判员将取消该匹马的比赛资格。取消某匹马的比赛资格会改变整个赛事的局面。

了解当天赛事中马匹被取消资格及其他赛事的改变情况是非常重要的。有时，由于优秀骑师受伤或者生病，他的所有赛事将会被取消。这种情况下，马迷之前构筑的赛事模型就会改变。

此外，在国外的赛事中，每一场草地赛事都具有一个对应的沙道马匹后备表。当遇到一些特殊情形如遭遇特大暴雨，则原计划的草道赛事就会无法举行。但是，由于很多

马迷在赛事开始前已经下了注，此时比赛不可能被取消。为此，马场专门设置了一批后备马匹在沙道上竞赛来代替草道上的竞赛。当然，马场所挑选的马匹在沙道上奔跑的能力与对应的在草道上奔跑的马匹的能力会尽可能地接近。

作为马迷，碰到以上任何情况都要根据自己所掌握的信息对整场赛事进行模型重建，避免由于马匹参赛资格被取消等情况造成自己资金的损失。

四、从赔率中找出价值马匹

赛马游戏的一个秘密就是下注那些有价值的马匹。有价值的马匹就是说马匹出赛后的赔率较高，且获胜的可能性较大。很多专业马迷会综合分析各项数据推测自己认为价值较大的马匹进行下注，当然，这需要花费大量的时间去研究。

作为一名非专业马迷，花大量的时间去研究各项数据是一项非常枯燥的事情。但是，有一个地方可以间接了解每匹马大致的实力情况，那就是马场内提供的报纸，有些马场也会在电子显示屏上公布这些信息。多数马场会在马场内提供的报纸或者电子显示屏上展示出每匹马的预测赔率。预测赔率是马场的工作人员或者马场雇佣的外部工作人员或者专家根据每匹马的数据和公众对每匹马的认可程度做的一个科学的预测。预测赔率不是一个真正的赔率，真正的赔率是由公众对马匹下注的金额和马匹受欢迎的程度决定的，预测赔率仅供参考，可以为大家提供一个消息，那就是哪些马匹实力较强，哪些马匹实力较弱。

一般情况下，公众都愿意下注的马匹，其实力较强，当然赔率也比较低；公众不认可的马匹，其实力较差，赔率就高。因此，大部分马迷可以通过马场的预测赔率来找出哪些马匹的价值更高。当然，也有特殊情况，如某匹马的赔率很高，但最后他却获得了冠军，这就是我们平常所说的黑马，即大家都不看好它，它却表现优异。

第二节　排位因素

一、闸位的重要性

马匹从闸箱到终点线之间沿着内侧护栏奔跑，越靠近内侧护栏，其奔跑的距离就越短。因此，在下注的过程中应当考虑马匹的闸位，毕竟闸位会影响马匹最终的成绩。

闸位一般都是抽签决定的，当闸位被确定后，骑师才能确定战术。闸位号码从内侧开始到外侧进行编号，共有 14 个闸位。国内外大部分赛事的参赛马匹的数量小于等于 14 匹，这种赛事也被称为常规赛事，如果马匹多于 14 匹，这种赛事就被称为特殊赛事，特殊赛事会有特殊的处理方法。

作为一个常识，领头马喜欢在内侧闸位，因为这个地方更接近内侧护栏。跟随型马喜欢在中间闸位。后劲型马匹对闸位没有什么特殊的要求，因为他们早期的速度非常慢，因此可以处于队伍最后的任何位置。

由于闸位在赛马中有着重要的作用，因此，不同类型的马匹对闸位有着不同的需求。但天不随人愿，并非所有的赛事中所有的马匹都能抽到适合自己的闸位，当马匹所在的闸位与其奔跑习性不同时其获胜的难度就会增加。例如，处于 12 号闸位的领头型马可能很难到达领头的位置，这类马匹要获胜就会耗掉更多的能量；从 1 号闸出发的跟随型马需要加快速度才能保持有利位置，否则，它可能会被后面的马匹超越。

进行竞猜时，应当关注闸位的一些显著问题。但从长远来看，闸位分析不是首要考虑的问题，由于骑师被投了大量的资金，他会努力去赢得赛事，因此，闸位问题一般由骑师处理。所以，作为竞猜者，对赛马因素进行分析时应当有自己的侧重点，要避免浪费过多的时间和精力。

二、速度赛与耐力赛中的闸位问题

距离和赛道条件的不同对闸位的影响非常大，这种状况在耐力赛中尤为显著。耐力赛一般被认为是距离在 1 英里及以上的赛事。例如，大部分 1 英里的赛事的起点在终点线的附近，离赛道的第一个弯道很近。这种赛事中，处于内侧的闸位具有更大的优势，因为它们更容易快速地进入第一弯道。如果外侧闸位的马匹没有较高的速度，它将被拉开很远的距离。

三、草地赛的闸位问题

由于草道比沙道要坚硬，在草道上竞赛时，马匹的速度要比沙道上快。因此，在草道上竞赛应当尽可能地减少马匹奔跑的距离，也就是说，马匹在内侧护栏处奔跑是最有利的。所以，在草地上比赛时，内侧闸位更加有利，在竞猜中应当留意这些信息。

第三节　负磅因素

一、马匹负磅

马匹负磅是指马匹按照评分评磅规则的要求在竞赛时背负的重量。由于每匹马的出生年月、体重、体力、心智成熟度等方面均不相同，为了让比赛有一个相对公平的环境，需要让马匹背负一定的重量以让马匹们在尽可能公平的条件下进行竞赛。一般新马和技术水平或体力稍差的马匹，其负磅量要小，成年马匹、评分较高、实力较强的马匹其负磅量要大。马匹所背负的重量包括鞍具及其附属设备重量、骑师及附属设备重量、铅块（如果需要加入）等。例如一匹马按规定要负磅 120 斤才能进行比赛，骑师、头盔、鞍具等总重量只能达到 100 斤，那么就需要向该马添加 20 斤的铅块重量以满足竞赛要求。

二、骑师体重

骑师体重应当尽可能的轻。因为马匹的负重不一样，有的马匹负重较大，有的马匹负重较小，如果骑师的体重过大，那么他所能够骑乘的马匹的数量就少，反之，则多。因此，大部分的速度赛马骑师的体重都比较轻，个头都比较小，这些也是由其项目的特点所决定的。

三、竞猜时的负磅因素

骑师的体重越轻对竞猜就越有利，因此，竞猜时应当尽可能挑选体重轻、名气大的骑师。另外，马匹的负磅重，说明其能力强，应当作为重点考虑对象。

第九章　下注流程及注意事项

第一节　下注流程

一、手工下注流程

手工下注时，首先要根据个人喜好选择下注的类型及下注的马匹编号，接下来下注信息要在马券填涂卡上进行填涂。每个国家或地区的马券填涂卡形式都不同，但基本原理和操作都是一样的。当马券填涂卡填涂完毕后，就可以直接在马券购买窗口进行付账买马了。当付完账后，下注人员会返回一张条形码或者二维码的回执，此时，下注便完成。等到赛事结束后，如果获得了派彩，便可以在兑换窗口兑现。

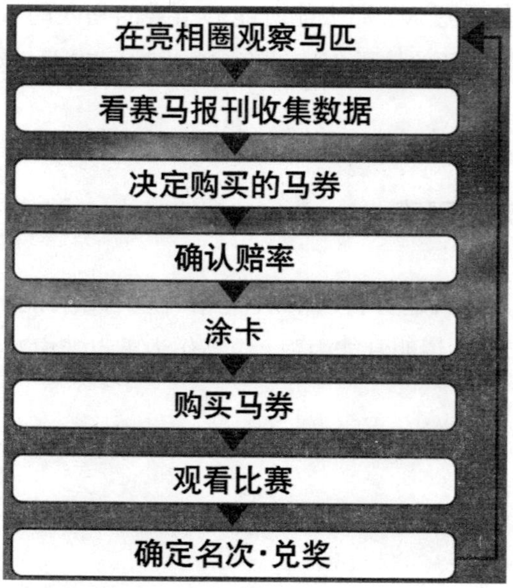

图9-1-1　购买马券的流程（源自日本中央竞马会）

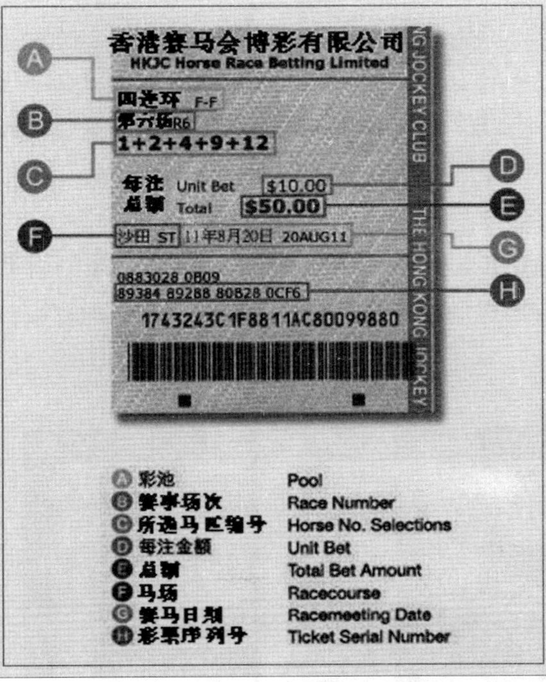

注释：

A：彩池	Pool
B：赛事场次	Race Number
C：所选马匹编号	Horse No. Selections
D：每注金额	Unit Bet
E：总金额	Total Bet Amount
F：马场	Racecourse
G：赛马日期	Racemeeting Date
H：彩票序列号	Ticket Serial Number

图9-1-2 香港的机打彩票（源自香港赛马会）

图9-1-3 下注大厅内的下注窗口（源自东方马城）

二、电子设备下注流程

目前，发达国家和地区在赛马下注中均提供多种途径的电子下注设备。主要包括自动下注机、手持式下注设备等。

1. 自动下注机

自动下注机的广泛使用可以减轻马场工作人员的压力和降低人力资源成本。自动下注机的操作方法与银行 ATM 机和地铁售票机的操作基本类似。每台机器旁均有操作说明，为自动下注提供了方便。

图9-1-4 日本自动下注机的操作说明（源自日本中央赛马会）

2. 手持式下注设备

手持式下注设备一般适用于整天在马场进行下注的专业马迷。这种设备由马场提供，下注者可以租用。该设备会记录一天的下注信息，投入资金量以及最后可以获得的派彩量。下图为香港提供的一款手持下注设备，具有提供独赢、连赢及位置 Q 赔率、赛果及排位数据；计算下注注数；复查当日下注记录；提款；查询户口结存等功能。

当然，时下也有更为简便的下注手段出现，比较典型的就是手机应用软件，下注者可以下载软件，注册账户，然后进行下注。今后，手机软件下注将成为一种趋势。

图9-1-5　发达宝（源自香港赛马会）

第二节　下注注意事项

一、确保选马的正确性

下注的时候，最好是组织有序，写下下注的方式、检查马券避免错误是确保竞猜完整无误的简单方法。时刻要牢记，竞猜是为了获取派彩，所以必须要认真仔细，确保所有的信息都是正确的。

1. 写下下注信息

如果采用单场单马的下注方式进行竞猜，那么是否写下下注信息并不是很重要，人类短时记忆可以处理这些信息。但是，对于复杂的下注类型来说，建议最好写下下注的相关信息，这主要从以下几个方面考虑：

①确保个人认为实力较强的马匹没有被落下。如果这些马被落下了，在完成赛事后又取得了优异的成绩，那么你将追悔莫及。

②避免在下注窗口浪费时间。如果不确定如何下注，最好不要在下注窗口处排队。由于比赛日当天进行下注的人较多，如果记不清楚下注的信息，会在下注窗口处浪费时间，这种耽搁时间的行为是非常遭人痛恨的，因为后面排队的马迷急切希望购买到自己

想要的马券。

2. 检查马券上的错误

即使将下注者下注信息写下来，错误依然可能会发生。有些错误发生是由于下注窗口边的噪声污染造成的。当彩票销售员没有听清下注者的要求时也会发生错误，有时马券也会打错。谁的错误并不重要，重要的是要及时纠正错误。在离开窗口前快速扫描下马券，以确定下注的信息是正确的。如果有错误，可以及时通知彩票销售员更换一张正确的彩票。

二、为购买马券预留时间

有些马场允许提前 1 ~ 2 天，甚至 1 个月让马迷进行下注，但是，大部分的马迷不会在那么长的时间内下注，间隔的时间过长，中间可能发生变数的几率就大。更多的马迷会在观看完亮马环节后，在开闸前半小时内进行下注，马迷通过观看亮马可以更加了解马匹的状况，可以做到有的放矢，将失误降到最低。

由于亮相完成后离开闸的时间并不是很长，此时间段内会有大量的马迷到下注窗口买彩票，这会导致彩票销售员的工作量剧增，同时也会导致时间非常紧迫。赛事是按照预先规定的时间进行的，到达开闸时间后，马匹将进行比赛，而此时再下注是不允许的，所以，应当留出一定的时间挑选马匹和购买彩票。如果轮到下注者买彩票的时候售票系统已经停止了工作，那么下注者前期所有的工作都是徒劳的。

按照惯例，应当对选马时间和购买彩票的时间做一个合理的分割，通用的方法是将时间按 2 : 1 进行分割，即三分之二的时间挑选马匹，三分之一的时间购买彩票，只有这样才能做到稳中求胜，不会出现手忙脚乱的情况。

三、核实购买的彩票的准确性

当彩票打印出来后，应当仔细检查上面的信息是之前挑选马匹时的信息一致，如果不一致，应当及时进行更改，因为离开了下注窗口就没有修改的机会了。很多原因可能导致彩票信息错误的发生，例如，马场广播的声音干扰、周围人员太嘈杂、自己报错信息、彩票销售员失误等。

第三节　养成个人下注习惯

一、探究下注个性

通过下注的行为可以了解下注人的个性。下注的不同类别能够反映出下注人的性格是内向还是外向、是持悲观态度还是乐观态度。

有些马迷属于冒险型的，例如，一开始便下注一些复杂的下注类型，像三重彩、孖宝、三T等。而有些马迷属于保守型的，只下注一些简单的下注类型，像独赢、连赢之类。有些马迷属于短期投入，有些则属于长期奋战。通过对马迷下注类型的研究可以了解不同马迷的性格和做事风格。

二、编写下注日志

如何才能找到适合于自己的下注类型是每一位马迷都要做的事情，一两次的短期下注发现不了问题，如果长期下注，那么，就需要对以往的下注类型进行研究，发掘出自己擅长的下注类型，以便为今后的下注提供参考。

通过对以往下注的类型、投入资金以及获胜比例等问题进行记录，编写下注日志，便可以发现自己在下注方面的长处和短处，同时能够找到最适合自己的下注类型。通用的下注日志的编写格式如下表：

表9-3-1　下注日志表

时间	马场	下注类型	单注金额（元）	总金额（元）	获得派彩（元）	备注
2015/3/20	武汉	独赢	2	2	4	
2015/3/20	武汉	连赢	2	2	0	
2015/3/20	武汉	三重彩	2	2	0	
·······						

第十章　香港赛马下注介绍

第一节　平分彩金池

一、平分彩池[1]

派彩金额以同中同分的方式计算，即以相关下注彩池的净得彩池除以胜出组合数目而平均分配。初次接触下注的观众可以采用下表所列的单场赛事彩池进行下注。

表10-1-1　平分彩池下注类型

单场赛事彩池	领取彩金资格
独赢	选中一场赛事中的第1名马匹
位置	选中一场赛事中的第1名、第2名或第3名马匹；或在只有4至6匹宣布出赛马匹之赛事中，选中第1名或第2名马匹
连赢	选中一场赛事中的第1名及第2名马匹，毋须顺序
位置Q	选中一场赛事中头3名马匹中的任何两匹，毋须顺序
3拣1（组合独赢） 胜出练马师（组合独赢） 胜出地区（组合独赢）	选中一场赛事中包含第1名马匹的组合
三重彩	在一场赛事中，顺序选中第1名、第2名及第3名马匹
单T	选中一场赛事中的第1名、第2名及第3名马匹，毋须顺序
四连环	选中一场赛事中的第1名、第2名、第3名及第4名马匹，毋须顺序
四重彩	在一场赛事中，顺序选中第1名、第2名、第3名及第4名马匹

[1]　本章资料来源于香港赛马会官方网站（http://special.hkjc.com/racing/info/ch/betting/guide.asp）

二、过关或混合过关

更加刺激的玩法是过关或混合过关，一次下注 2 至 6 场赛事关次，每关以相同或不同彩池下注，方便又快捷。一旦成功过关，获派彩金更会自动下注至随后拣选的关次上。

表10-1-2 过关或混合过关下注类型

彩池	过关下注	混合过关下注
独赢 位置 连赢 位置Q 3拣1（组合独赢）	选2至6关，每关必须以相同彩池下注 例如：独赢 → 独赢	选2至6关，每关可选择以不同彩池下注 例如：独赢 → 位置 → 连赢
单T	选2至3关， 每关必须以单 T 彩池下注	不适用

三、高级玩法

高级玩法包括多场赛事下注彩池或多宝彩池。高级玩法均牵扯到多场赛事和多个马匹，所以其难度要比平分彩池和过关等玩法的难度大得多。

1. 多场赛事下注

表10-1-3 多场赛事下注

多场赛事彩池	领取彩金资格
孖宝	在指定之两场赛事中均选中第1名马匹
	安慰奖：在指定之两场赛事中，第1关选中第1名马匹及第2关选中第2名马匹
三宝	在指定之三场赛事中均选中第1名马匹
	安慰奖：在指定之三场赛事中，首两关均选中第1名马匹及尾关选中第2名马匹

2. 多宝下注

表10-1-4 多宝下注

多宝彩池	领取彩金资格
孖T	在指定之两场赛事均选中第1名、第2名及第3名马匹，毋须顺序
三T	在指定之三场赛事均选中第1名、第2名及第3名马匹，毋须顺序
	安慰奖：在指定三场赛事中选中首两关第1名、第2名及第3名马匹，毋须顺序

续表

多宝彩池	领取彩金资格
六环彩	在指定之六场赛事的每一关均选中第1名或第2名马匹
	六宝奖：在指定之六关均选中第1名马匹

四、领取彩金

若获得派彩金额为每十元一注超过五百万元，所有中彩彩票持票人士或经由电话下注服务的中彩人士，包括使用智财咭、1886 电话下注自动服务系统等，须在指定时间致电马会 1817 登记。（使用互动下注服务途径除外）。

互动下注服务包括网上下注服务“下注区”、流动下注服务、Racing Touch 流动应用程序、电讯运财宝豪华版 / 电讯运财宝综合版及第八代下注宝。

所有获中彩票，必须于有关赛马日期后起计 60 天内领取（例子：于 3 月 1 日所举行赛事的获中彩票，可于 3 月 1 日当天至 4 月 30 日内任何一天领取）。

第二节　固定赔率下注种类

一、操作方法

整个赛马日所有参赛骑师均会分别编为 1 至 14 号，其中的 13 位骑师将列入编号 1 至 13 号，而剩余的所有骑师都会被编入 14 号。选中整个赛马日最高“骑师王”累积分数的骑师，即获得胜利，能够获得派彩。其中，“骑师王”分数是指参赛骑师在骑师王指定坐骑中实际策骑第一名、第二名及第三名位置的马匹所得的分数。

指定坐骑是指骑师在某个赛事日于“骑师王”刚开始接受下注时被安排于该赛事日各场指定赛事中的马匹。一般在下注前，马场会公布骑师王指定的坐骑表，下注者可以根据坐骑表提供的数据信息来挑选骑师王。

二、即场下注

“骑师王”设有即场下注，如果夜赛有 8 场本地赛事，将接受下注至第 6 场开跑时；若有 9 场本地赛事，则接受下注至第 7 场开跑时。如果日赛有 10 场本地赛事，将接受下注至第 8 场开跑时；若有 11 场本地赛事，则接受下注至第 9 场开跑时。“骑师王”也是在每场赛事开跑时暂停接受下注，直到该场赛事复磅完毕后重新开始接受下注。“骑师王”的赔率会在赛事结束后、接受下注时间内更新，骑师王的累积分数会在各场赛事完毕后更新。

三、计分法

骑师在一个赛马日中，骑乘由骑师王指定的马匹跑入前三名 [前三名之后的不计分数],各得“骑师王”分数为(并头情况除外,也称为平头情况):第一名 12 分,第二名 6 分,第三名 4 分。

此外,“骑师王”分数不会分配给“骑师王”开售后的易配骑师,即不是由“骑师王”指定的马匹在竞赛中获得前三名将不会分配分数。在整个赛马日内,累积得分最高的“骑师王”将成为当日的骑师王。

四、下注三步曲

1. 参考赔率，锁定目标

一般在下注时，LED 屏幕上会给出骑师王赔率信息，下注者可以通过屏幕信息来下注自己喜欢的骑师。

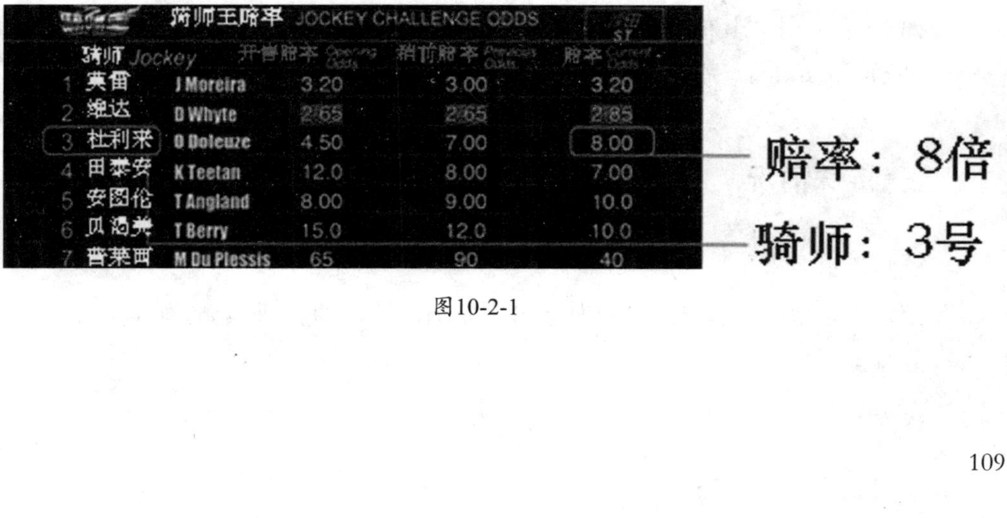

图10-2-1

2. 下注方法，简单快捷

骑师王和下注方法与其他类型的下注方法基本一样，下图是下注骑师王的参考范例。

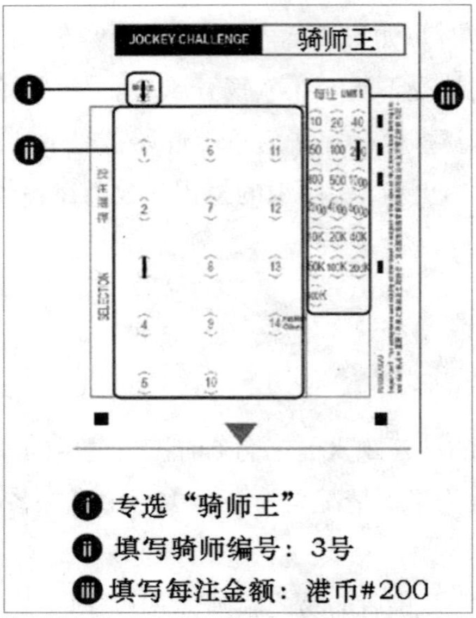

图10-2-2

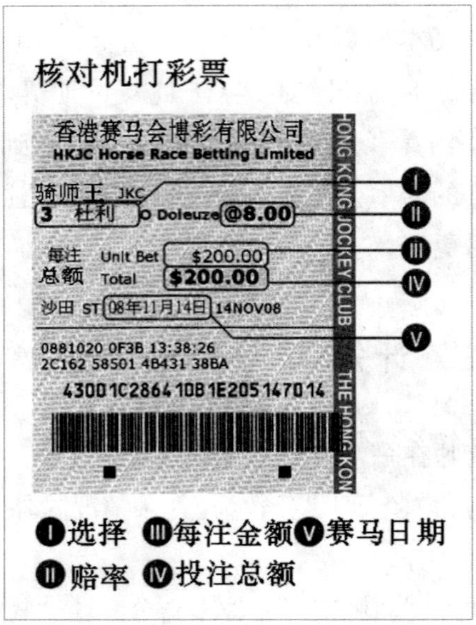

图10-2-3

3. 派彩赔率，掌握之中

假设 3 号杜利莱胜出，根据上述之每注金额及赔率计算，派彩如下：

表10–2–1

每注金额	赔率	派彩（包括本金，元）
200	8倍	1600

假如下注 14 号“其他骑师”，如果 14 号骑师中有一位骑师获得了最高的“骑师王”分数，那么所有下注 14 号的马迷均能够获得派彩。

五、特殊情况

1. 骑师退出赛事

无论是在彩票的预售日或在赛马当日宣布退出赛事的骑师，将作如下安排：

（1）策骑出赛

任何一位骑师（包括 1 至 14 号）在赛马竞赛当日曾在任何其骑师王指定坐骑中实际策骑出赛，即使该骑师宣布退出，对于该退出骑师的下注均为有效。

（2）没有策骑骑师王指定坐骑

任何一名 1 至 13 号骑师没有于该赛马日任何一场的骑师王指定坐骑中实际策骑而宣布退出，将根据公布骑师退出当刻的赔率作以下退款安排：

A：1-13 号骑师任何一位退出。

赔率≤ 5 倍的，该赛事日所有“骑师王”下注将退款。

赔率＞ 5 倍的，退出的骑师的下注的款项将被退回。

B：若 14 号内任何一名“其他骑师”退出，所有 14 号之下注仍然有效。

2. 并头情况（并列）

（1）单场赛事平头赛事

①两匹马并列第一名情况的处理方式。

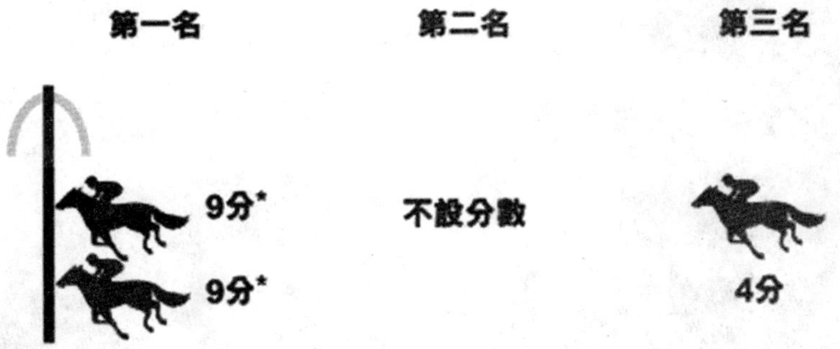

②两匹马并列第二名情况的处理方式。

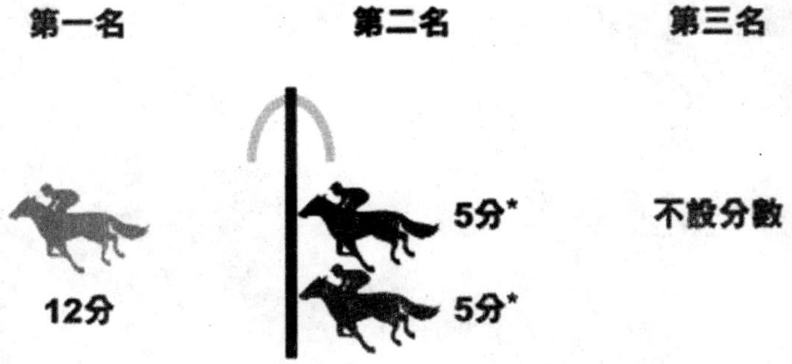

③三匹马并列第三名情况的处理方式。

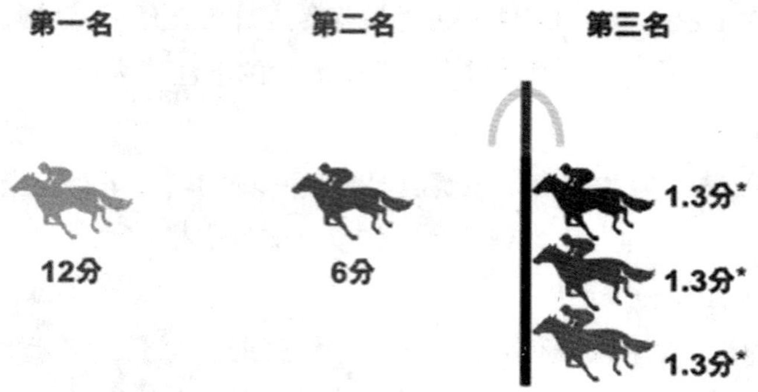

（2）相同累积总分

如出现相同累积总分的情况，则以当日获得最多第一名的骑师胜出；如胜出第一名的数目相同，则再比较胜出第二名之数目，如此类推直至计算至胜出第四名的数目为止，以决定最终“骑师王”的获胜者。如果最终不能分出胜负，仍出现相同胜出位置的“骑师王”，派彩将除以胜出骑师的数目，并按其每注金额的摊分比例及赔率计算。

表10-2-2

	第一名	第二名	第三名	第四名
骑师A总分：30	12	6	4 4 4	
骑师B总分：30	12	6	4 4 4	
结果	和	和	和	骑师B胜出

举例：

如最终出现两位“骑师王”，派彩如下：

表10-2-3

	每注金额	胜出骑师数目	赔率	派彩（包括本金）
骑师A	每注金额	胜出骑师数目	赔率	派彩（包括本金）
	100	2	6.5	325
骑师B	每注金额	胜出骑师数目	赔率	派彩（包括本金）
	20	2	8	80

派彩金额＝每注金额 ÷ 胜出骑师数目 × 赔率

3. 无效赛事

宣布赛事无效或赛事取消的退款安排如下：

当任何一场指定赛事被宣布取消或无效时，所有“骑师王”的下注将被退款。

除特别情况外，可获派彩。

如果已有一名骑师肯定在任何情况下将取得最高分数，则派彩依然有效，将派彩派发给该名累积最高得分骑师的下注。举例：假如于赛事宣布无效时，剩余下一场赛事，即骑师 A 为毫无疑问的胜出。

表10-2-4

骑师A		vs		骑师B
48分胜出				34分+12分（假设在最后一场获得第一名）
				=46分

4. 特别注意事项

在下列情况下，“骑师王”将会在接受下注时间内暂时停止接受下注：

①在每场赛事开跑时，将暂停接受下注，直至该场赛事复磅完毕后重新开售。

②当有任何更换骑师的情况，将暂停接受下注，直至所有替补名单被确认，才可以重新开售。

③当有任何马匹退出时，将暂停接受下注，直至资料更新后重新开售。

第三节　灵活玩简介

一、灵活玩一览

香港的灵活玩相当于澳门等地方的复式下注。“灵活玩”每注最低金额为 1 元，让马迷可以以同样下注形式选择更多的下注组合，拥有更多获胜机会，追求更理想的回报。下注者也可以根据自己的需求，以更多的注数选出最得心应手的下注策略，提高命中的机会。“灵活玩”中各彩池的每注最低金额如下：

表10–3–1

		每票/每注项下注总额（元）		
		<24	24≤X<100	≥100
单场赛事彩池	独赢、位置、连赢、位置Q、3拣1（组合独赢）、胜出练马师（组合独赢）、胜出地区（组合独赢）	10	10	10
	三重彩、四连环、单T			1
	四重彩		1	
多场赛事彩池	孖T、三宝		10	1
	三T、六环彩			2
	孖宝			10
过关或混合过关	过关：独赢、位置、连赢、位置Q、3拣1（组合独赢）、单T		10	1
	混合过关：独赢、位置、连赢、位置Q、3拣1（组合独赢）			

二、三重彩例子

三重彩可以以复式的方式进行下注，例如，每注1元的下注可以选用6匹马进行复式下注，投入的金额为120元。

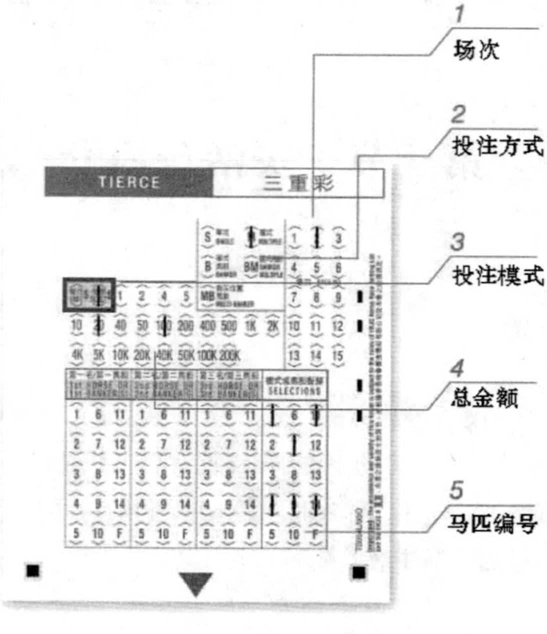

图10-3-1

三、四连环例子

冷门马若跑入前4名，则四连环就具有非常大的吸引力。如果以“灵活玩”的方式下注四连环，100元可以下注7匹马进行复式下注，一共可以下35注。

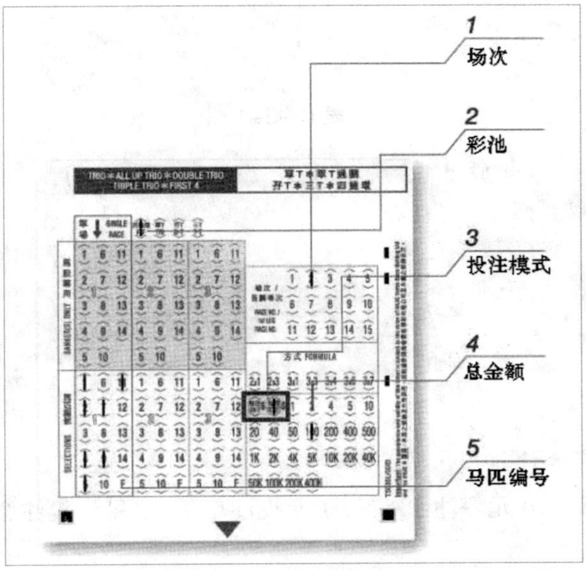

图10-3-2　四连环例子

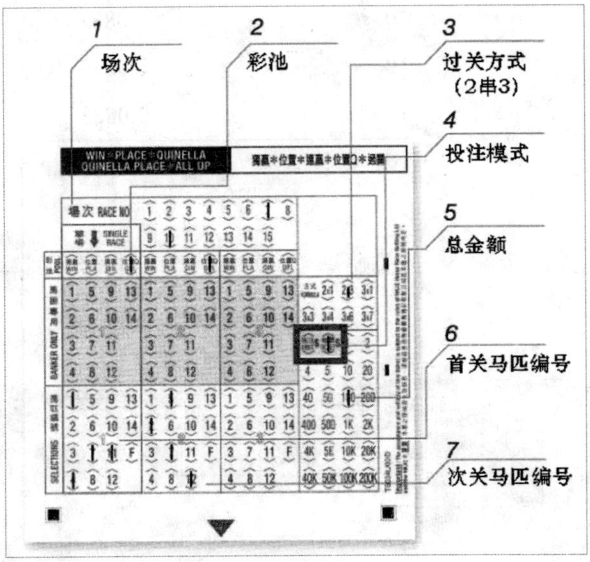

图10-3-3　位置Q过关2串3例子

四、位置Q过关2串3例子

位置 Q 下注每场最高可以达到 3 个中彩组合，采用马胆的形式能够增加过关的机会。以“灵活玩”下注位置 Q 过关 2 串 3，那么 100 元就可以在每关中挑选 4 匹马进行复式下注。

1. 每注投注金额：投注总额除以注数 [100 ÷ 48=2.0833]

2. 假设获胜场次及派彩

表10-3-1

场次	胜出组合	派彩（10元一注）	赔率
第7场	1-4	248	24.8
	1-7	123	12.3
	4-7	317	31.7
第10场	2-5	326	32.6

3. 获胜注项及彩金计算

（1）单场：派彩（10 元一注）÷ 每 1 元投注单位 × 每注投注金额 = 彩金

表10-3-2

派彩（10元一注）	每1元投注单位	每注投注金额	彩金
第7场　248	10	2.0833	51.6658
第7场　123	10	2.0833	25.6246
第7场　317	10	2.0833	66.0406
第10场　326	10	2.0833	67.9156

（2）两场：每注投注金额 × 首关赔率 × 次关赔率 = 彩金

表10-3-3

每注投注金额	首关赔率	次关赔率	彩金
2.0833	24.8	32.6	1684.3064
2.0833	12.3	32.6	835.3616
2.0833	31.7	32.6	2152.9239

五、注数一览表

注数表是通过计算得出的，注数的计算的实质是数学中的排列与组合。具体的计算均由计算机完成。投注时，只要能够将其拿来参考便可。

1. 三重彩注数表

表10-3-4

复式				一匹马胆							两匹马胆						
					单式			复式				单式			复式		
马匹数目	注数	每注最低投注金额	投注总额	配脚数目	注数	每注最低投注金额	投注总额	注数	每注最低投注金额	投注总额	配脚数目	注数	每注最低投注金额	投注总额	注数	每注最低投注金额	投注总额
3	6	1000	60	2	2	10	20	-	-	-	-	-	-	-	-	-	-
4	24	4.17	100	3	6	10	60	18	5.56	100	2	2	10	20	12	8.33	100
5	60	1.67	100	7	12	8.33	100	36	2.78	100	3	3	10	30	18	5.56	100
6	120	1	120	5	20	5	100	60	1.67	100	4	4	10	40	24	4.17	100
7	210	1	210	6	30	3.33	100	90	1.11	100	5	5	10	50	30	3.33	100
8	336	1	336	7	42	2.38	100	126	1	126	6	6	10	60	36	2.78	100
9	504	1	504	8	56	1.79	100	168	1	168	7	7	10	70	42	2.38	100
10	720	1	720	9	72	1.39	100	216	1	216	8	8	10	80	48	2.08	100
11	990	1	990	10	90	1.11	100	270	1	270	9	9	10	90	54	1.85	100
12	1320	1	1320	11	110	1	110	330	1	330	10	10	10	100	60	1.67	100
13	1716	1	1716	12	132	1	132	396	1	396	11	11	9.09	100	66	1.52	100
14	2184	1	2184	13	156	1	156	468	1	468	12	12	8.33	100	72	1.39	100

2. 四连环注数表

表10-3-5

复式				一匹马胆				两匹马胆			
马匹数目	注数	每注最低投注金额	投注总额	配脚数目	注数	每注最低投注金额	投注总额	配脚数目	注数	每注最低投注金额	投注总额
4	1	10	10	-	-	-	-	-	-	-	-
5	5	10	50	4	4	10	40	3	3	10	30
6	15	6.67	100	5	10	10	100	4	6	10	60
7	35	2.86	100	6	20	5	100	5	10	10	100
8	70	1.43	100	7	35	2.86	100	6	15	6.67	100
9	126	1	126	8	56	1.79	100	7	21	4.76	100
10	210	1	210	9	84	1.19	100	8	28	3.57	100
11	330	1	330	10	120	1	120	9	36	2.78	100
12	495	1	495	11	165	1	165	10	45	2.22	100
13	715	1	715	12	220	1	220	11	55	1.82	100
14	1001	1	1001	13	286	1	286	12	66	1.52	100

3. 过关注数表

（1）连赢或位置 Q2 串 3

表10-3-6

复式					一匹马胆				
马匹数目		注数	每注最低投注金额	投注总额	配脚数目		注数	每注最低投注金额	投注总额
首关	次关				首关	次关			
3	3	15	6.67	100	3	3	15	6.67	100
4	3	27	3.70	100	5	3	19	5.26	100
4	4	48	2.08	100	5	4	24	4.17	100
5	4	76	1.32	100	5	4	29	3.45	100
5	5	120	1	120	5	5	35	2.86	100
6	5	175	1	175	6	5	41	2.44	100
6	6	255	1	255	6	6	48	2.08	100

（2）连赢或位置 Q3 串 7

表10-3-7

复式						一匹马胆					
马匹数目			注数	每注最低投注金额	投注总额	配脚数目			注数	每注最低投注金额	投注总额
首关	次关	尾关				首关	次关	尾关			
-	-	-	-	-	-	2	2	2	26	3.85	100
-	-	-	-	-	-	3	2	2	35	2.86	100
-	-	-	-	-	-	3	3	2	47	2.13	100
3	3	3	63	1.59	100	3	3	3	63	1.59	100
4	3	3	111	1	111	4	3	3	79	1.27	100
4	4	3	195	1	195	4	4	3	99	1.01	100
4	4	4	342	1	342	4	4	4	124	1	124

4. 混合过关

连赢及位置 Q2 串 3

表10-3-8

复式					一匹马胆				
马匹数目		注数	每注最低投注金额	投注总额	配脚数目		注数	每注最低投注金额	投注总额
首关	次关				首关	次关			
-	-	-	-	-	2	2	24	4.17	100
-	-	-	-	-	3	2	34	2.94	100
3	3	48	2.08	100	3	3	48	2.08	100
4	3	90	1.11	100	4	3	62	1.61	100
4	4	168	1	168	4	4	80	1.25	100
5	4	272	1	272	5	4	98	1.02	100
5	5	440	1	440	5	5	120	1	120

下注总额以下注组合数目及每注下注金额相乘计算，上表的每注下注金额显示至小数点后 2 位，最终的派彩金额均以每注金额至小数点后 4 位计算。

六、彩金小数点计法

彩金以最接近的对上或对下 0.5 元派发：

表10-3-9

小数点后四位值	计算彩金	实际派彩
.0000 ~ .2499	380.2386	380.0
.2500 ~ .7499	168.6248	168.5
.7500 ~ .9999	236.7623	237.0

第四节　注数表

一、连赢 / 位置Q / 单T / 孖T / 三T

以下各表是采用不同配脚计算出的实际下注数数目表，配脚数目不同，则最终的下注数和投入金额均不同。

表10-4-1

连赢/位置Q			单T/孖T/三T			
配脚数目	复式	一匹马胆	配脚数目	复式	一匹马胆	两匹马胆
2	1	2	2			2
3	3	3	3	1	3	3
4	6	4	4	4	6	4
5	10	5	5	10	10	5
6	15	6	6	20	15	6
7	21	7	7	35	21	7
8	28	8	8	56	28	8
9	36	9	9	84	36	9
10	45	10	10	120	45	10

续表

连赢/位置Q			单T/孖T/三T			
配脚数目	复式	一匹马胆	配脚数目	复式	一匹马胆	两匹马胆
11	55	11	11	165	55	11
12	66	12	12	220	66	12
13	78	13	13	286	78	
14	91		14	364		

二、四连环

表10-4-2

配脚数目	复式	一匹马胆	两匹马胆	三匹马胆
2				2
3			3	3
4	1	4	6	4
5	5	10	10	5
6	15	20	15	6
7	35	35	21	7
8	70	56	28	8
9	126	84	36	9
10	210	120	45	10
11	330	165	55	11
12	495	220	66	
13	715	286		
14	1001			

三、三重彩

表10-4-3

配脚数目	复式	一匹马胆		两匹马胆	
		单式	复式	单式	复式
2		2		2	12
3	6	6	18	3	18
4	24	12	36	4	24
5	60	20	60	5	30
6	120	30	90	6	36
7	210	42	126	7	42
8	336	56	168	8	48
9	504	72	216	9	54
10	720	90	270	10	60
11	990	110	330	11	66
12	1320	132	396	12	72
13	1716	156	468		
14	2184				

四、四重彩

表10-4-4

配脚数目	复式	一匹马胆		两匹马胆		三匹马胆	
		单式	复式	单式	复式	单式	复式
2				2		2	48
3		6		6	72	3	72
4	24	24	96	12	144	4	96
5	120	60	240	20	240	5	120
6	360	120	480	30	360	6	144
7	840	210	840	42	504	7	168

续表

配脚数目	复式	一匹马胆		两匹马胆		三匹马胆	
		单式	复式	单式	复式	单式	复式
8	1,680	336	1,344	56	672	8	192
9	3,024	504	2,016	72	864	9	216
10	5,040	720	2,880	90	1,080	10	240
11	7,920	990	3,960	110	1,320	11	264
12	11,880	1,320	5,280	132	1,584	12	288
13	17,160	1,716	6,864	156	1,872	13	312
14	24,024	2,184	8,736	182	2,184	14	336

五、过关下注

表10-4-5

过关组合						
过关方式	一关	二关	三关	四关	五关	六关
2 × 1		1				
2 × 3	2	1				
3 × 1			1			
3 × 3		3				
3 × 4		3	1			
3 × 6	3	3				
3 × 7	3	3	1			
4 × 1				1		
4 × 4			4			
4 × 5			4	1		
4 × 6		6				
4 × 10	4	6				
4 × 11		6	4	1		
4 × 14	4	6	4			
4 × 15	4	6	4	1		

续表

过关组合						
过关方式	一关	二关	三关	四关	五关	六关
5 × 1					1	
5 × 5				5		
5 × 6				5	1	
5 × 10		10				
5 × 15	5	10				
5 × 16			10	5	1	
5 × 20		10	10			
5 × 25	5	10	10			
5 × 26		10	10	5	1	
5 × 30	5	10	10	5		
5 × 31	5	10	10	5	1	
6 × 1						1
6 × 6					6	
6 × 7					6	1
6 × 15		15				
6 × 20			20			
6 × 21	6	15				
6 × 22				15	6	1
6 × 35		15	20			
6 × 41	6	15	20			
6 × 42			20	15	6	1
6 × 50		15	20	15		
6 × 56	6	15	20	15		
6 × 57		15	20	15	6	1
6 × 62	6	15	20	15	6	
6 × 63	6	15	20	15	6	1

注：下注单 T 过关，最多只可过关下注三场赛事。退出马匹：只涉及一场赛事的下注组合将获得退款，涉及超过一场赛事的下注组合，注款将自动过关而不获退款。

第五节　下注途径及下注时间

一、平分彩金彩池

表10-5-1

<table>
<tr><th rowspan="2">下注途径</th><th colspan="3">截止下注时间</th></tr>
<tr><th>独赢/位置/连赢/位置Q/3拣1（组合独赢）/三重彩/单T/四连环/四重彩</th><th>孖宝/三宝/孖T/三T/六环彩</th><th>胜出练马师（组合独赢）/胜出地区（组合独赢）</th></tr>
<tr><td>马场</td><td rowspan="9">赛事开跑</td><td rowspan="9">首关赛事开跑</td><td rowspan="9">个别赛事开跑</td></tr>
<tr><td>场外下注处 / 智财咭</td></tr>
<tr><td>电话下注</td></tr>
<tr><td>互动下注服务</td></tr>
<tr><td>网上下注服务“下注区”</td></tr>
<tr><td>流动下注服务</td></tr>
<tr><td>Racing Touch流动应用程序</td></tr>
<tr><td>电讯运财宝豪华版/电讯运财宝综合版</td></tr>
<tr><td>第八代下注宝*</td></tr>
</table>

* 组合独赢不适用于第八代下注宝

二、固定赔率下注种类

表10-5-2

下注途径	骑师王（接受下注时间）			
	日马（共10场或11场本地赛事）		夜马（共8场或9场本地赛事）	
	预售日	赛马日	预售日	赛马日
马场	不适用	共10场赛事：由提供下注服务开始至第8场开跑时 共11场赛事：由提供下注服务开始至第9场开跑时	不适用	共8场赛事：由提供下注服务开始至第6场开跑时 共9场赛事：由提供下注服务开始至第7场开跑时
场外下注处 / 智财咭	下午5:00至晚上11:30*	共10场赛事：上午9:00至第8场开跑时 共11场本地赛事：上午9:00至第9场开跑时	下午5:00至晚上11:00*	共8场赛事：由中午12:00_x000B_至第6开跑时 共9场赛事：由中午12:00至第7场开跑时
电话下注	下午5:00至午夜0:00		下午5:00至午夜0:00	
互动下注服务				
网上下注服务“下注区”				
流动下注服务				
电讯运财宝豪华版/电讯运财宝综合版				
Racing Touch 流动应用程序				
第八代下注宝				

* 接受下注时间按不同场外下注处的服务时间而有所不同。

注：于每场赛事开跑时，“骑师王”将暂停接受下注，直至该场赛事复磅完毕后重新开售。

各项下注服务售票时间如有更改，将以本会最新公布为准。

第六节　填写彩票示范

一、平分彩金彩池

1. 独赢

独赢是指选中一场比赛中的第一名马匹。例如下图中，以独赢下注方式进行下注，选择第一场赛事中的 1 号马匹，每注金额为 20 元，总的投入为 20 元。

彩池：独赢
场次：第1场
所选马匹：第1场1号
每注金额：20元

WIN*PALCE*QUINELLAQUINELLA PLACE*ALL UP
独赢*位置*连赢*位置Q*过关

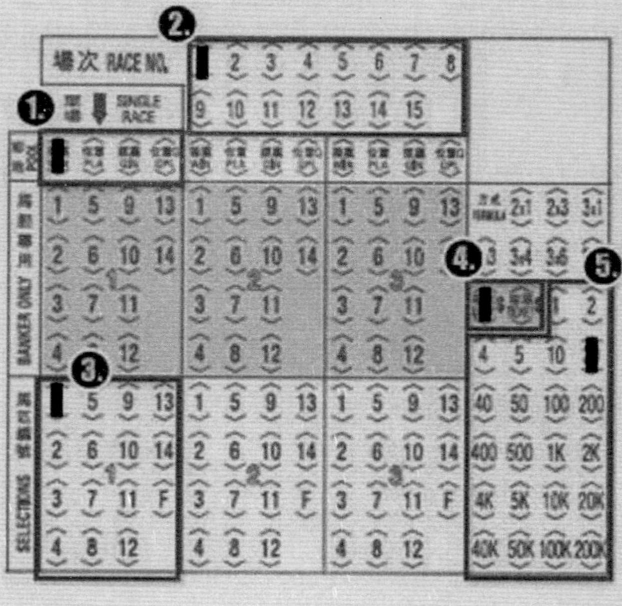

注释	
1	拣选彩池（独赢）
2	填写场次（第1场）
3	拣选马匹（1号）
4	拣选下注模式（以“每注”进行）
5	填写每注金额（20元）
组合数目：1注；下注总额：20元；每注金额：20元	

图10-6-1

2. 位置

位置是指在一场由 4 至 6 匹马出赛的赛事中选中第 1 名或第 2 名马匹，在超过 6 匹马出赛的赛事中选中第 1 名、第 2 名或第 3 名的马匹，下图是以位置的下注形式选中第 2 场的 2 号马，每注金额 20 元，总投入 20 元。

彩池：位置
场次：第2场
所选马匹：第2场 2号
每注金额：20元

WIN*PALCE*QUINELLAQUINELLA PLACE*ALL UP
独赢*位置*连赢*位置Q*过关

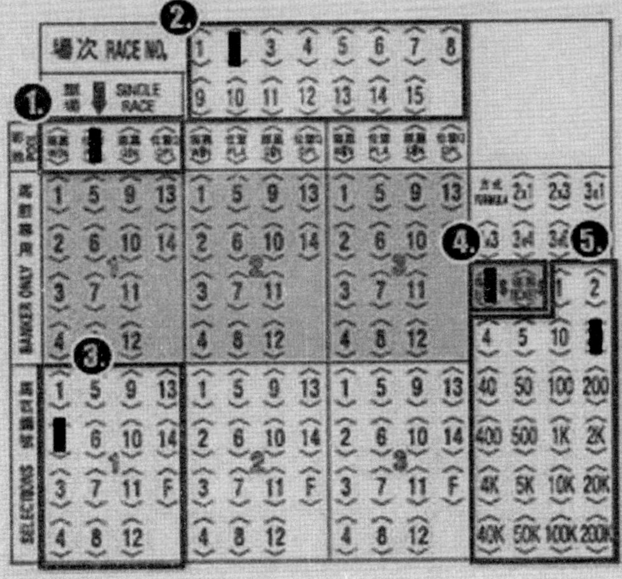

注释	
1	拣选彩池（位置）
2	填写场次（第2场）
3	拣选马匹（2号）
4	拣选下注模式（以“每注”进行）
5	填写每注金额（20元）
组合数目：1注；下注总额：20元；每注金额：20元	

图10-6-2

3. 连赢

连赢是指在一场比赛中以不计顺序的方式选中第 1 名和第 2 名，下图表示以连赢的方式下注第 5 场赛事，选择的马匹为 2 号和 6 号，每注金额为 20 元，总投入为 20 元。

彩池：连赢
场次：第5场
所选马匹：第5场 2，6号
每注金额：20元

WIN*PALCE*QUINELLAQUINELLA PLACE*ALL UP
独赢*位置*连赢*位置Q*过关

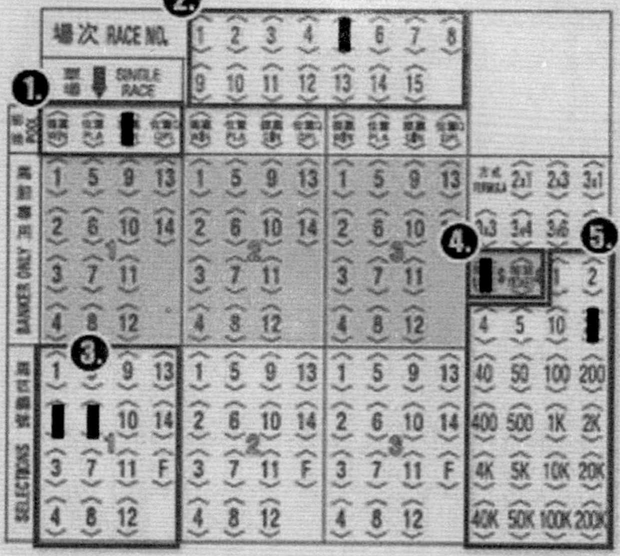

注释	
1	拣选彩池（连赢）
2	填写场次（第5场）
3	拣选马匹（2、6号）
4	拣选下注模式（以“每注”进行）
5	填写每注金额（20元）
组合数目：1注；下注总额：20元；每注金额：20元	

图10-6-3

4. 连赢（马胆）

此例子为采用马胆的方式进行连赢下注。马胆为 6 号马，配脚为 4，7，11 号马，则组合为 6 ⟺ 4，6 ⟺ 7，6 ⟺ 11，所以共有 3 注，每注金额 10 元，总投入 30 元。

彩池：连赢
场次：第7场
所选马匹：第7场 6号 胆拖4，7，11号
每注金额：10元

WIN*PALCE*QUINELLAQUINELLA PLACE*ALL UP
独赢*位置*连赢*位置Q*过关

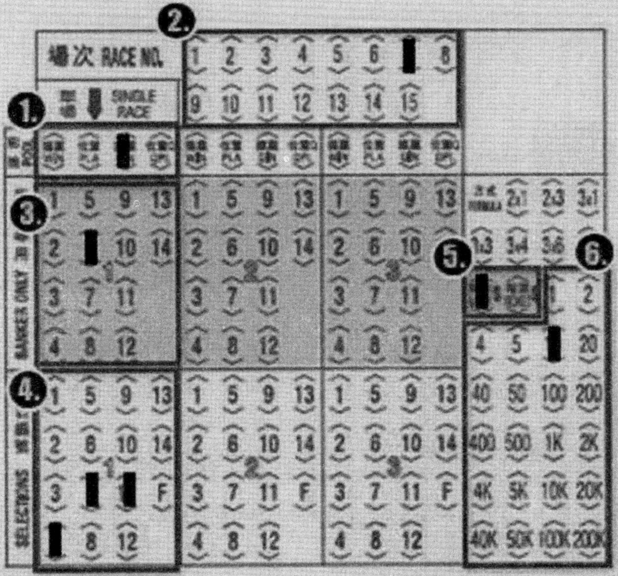

注释	
1	拣选彩池（连赢）
2	填写场次（第7场）
3	拣选马胆（6号）
4	拣选配脚（4，7，11号）
5	拣选下注模式（以“每注”进行）
6	填写每注金额（10元）
组合数目：3注；总金额：30元；每注金额：10元	

图10-6-4

5. 位置 Q

位置 Q 指选中前三名马匹中的任意两匹，即数学中的组合C_3^2。下图中，以位置 Q 的方式在第 6 场赛事中选中 3 号马和 8 号马，一共一注，总投入 20 元。

彩池：位置Q
场次：第6场
所选马匹：第6场 3，8号
每注金额：20元

WIN*PALCE*QUINELLAQUINELLA PLACE*ALL UP
独赢*位置*连赢*位置Q*过关

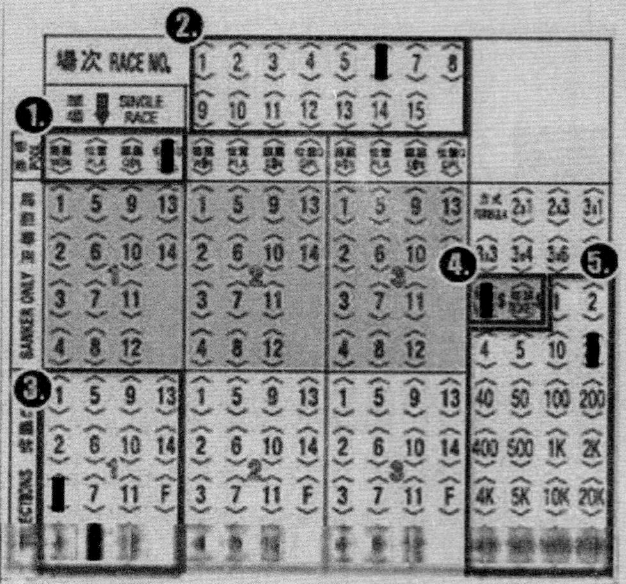

注释	
1	拣选彩池（位置Q）
2	填写场次（第6场）
3	拣选马匹（3，8号）
4	拣选下注模式（以“每注”进行）
5	填写每注金额（20元）
组合数目：1注；下注总额：20元；每注金额：20元	

图10-6-5

6. 位置 Q（马胆）

此下注为含有马胆的下注形式。组合注分别为 11 ⟺ 3，11 ⟺ 7，11 ⟺ 9，11 ⟺ 10，每注 10 元，共 4 注，总投入 40 元。

彩池：位置Q
场次：第8场
所选马匹：第8场 11号　胆拖3，7，9，11号
每注金额：10元

WIN*PALCE*QUINELLAQUINELLA PLACE*ALL UP
独赢*位置*连赢*位置Q*过关

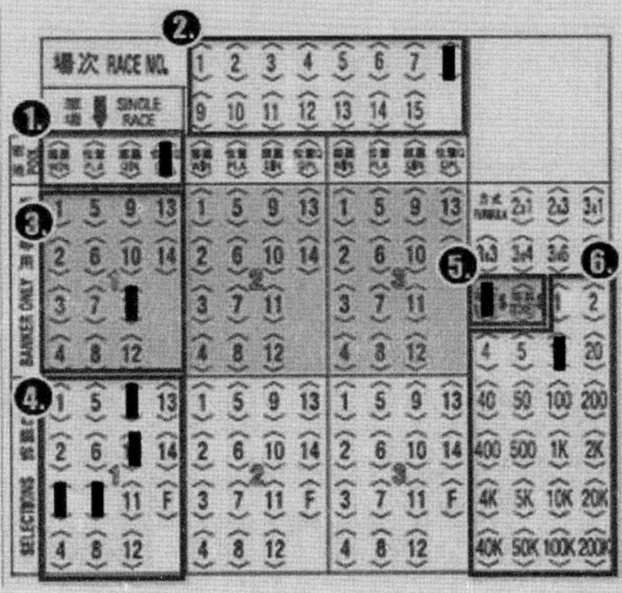

注释	
1	拣选彩池（位置Q）
2	填写场次（第8场）
3	拣选马胆（11号）
4	拣选配脚（3，7，9，10号）
5	拣选下注模式（以“每注”进行）
6	填写每注金额（10元）
组合数目：4注；总金额：40元；每注金额：10元	

图10-6-6

7. 3 选 1（组合独赢）

3 选 1 是于独赢彩池中投注胜出马匹另一种玩法。3 选 1 参考每场赛事的独赢隔夜赔率，将马匹分为三个组合：

① A1：隔夜热门，指前两匹热门马匹，如 5，13 号，赔率为 1.5。

② A2：隔夜半热门，指第三，四，五匹热门马，如 2，7，9 号，赔率为 2.9。

③ A3：其他冷门，指剩余马匹，如 1，3，4，6，8，10，11，12，14 号，赔率为 4.7。

如果在选择的组合内任何一匹马跑第一名，即可派彩。同一组合内无论哪一匹马获胜，均获相同派彩。

场次：第2场
所选组合：第2场（CWA）（A3）
每注金额：10元

3 PICK 1　　3拣1（组合独赢）

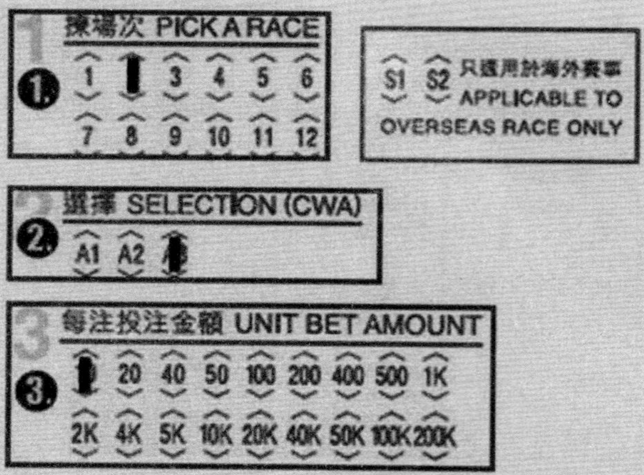

注释	
1	填写场次（第2场）
2	拣选组合（CWA）A3
3	填写每注金额（10元）

图10-6-7

8. 胜出练马师（组合独赢）

胜出练马师允许下注到练马师身上，如果赛事中有该练马师训练的马匹出赛且获得了胜利，则此下注就会获得派彩。胜出练马师分为三个组合：

① B1：练马师 1　　拥有马匹 4，9　　赔率 1.9

② B2：练马师 2　　拥有马匹 8，7　　赔率 2.8

③ B3：练马师 3　　拥有马匹 6，5　　赔率 4.7

④ B4：练马师 4　　拥有马匹 1，2，3　　赔率 9

场次：第9场
所选组合：第9场（CWB）（B1）
每注金额：100元

WINNING TRAINER　胜出练马师（组合独赢）

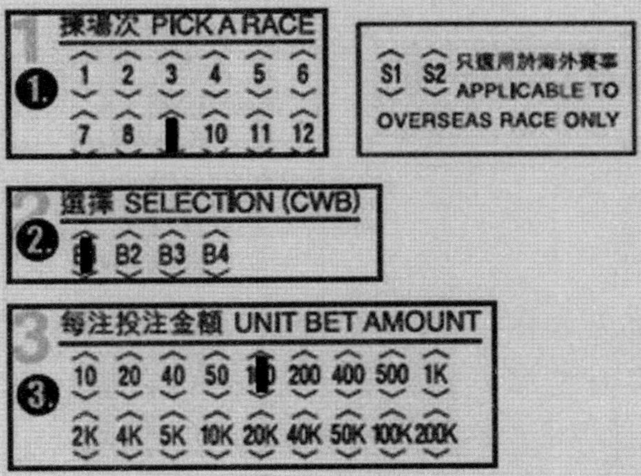

注释	
1	填写场次（第9场）
2	拣选组合（CWB）B1
3	填写每注金额（100元）

图10-6-8

9. 胜出地区（组合独赢）

胜出地区允许下注来自相同地区的竞赛马匹，若选中的某一地区中的任意一匹马获胜，则同一地区内所有马匹均可获得相同派彩。根据出赛马匹地区的不同，将马匹分为三至四个组合：

① C1：香港	所含马匹 1，4，5，11，12	赔率 1.5
② C2：日本	所含马匹 8，10	赔率 2.8
③ C3：欧洲、英国、法国	所含马匹 2，6，9	赔率 7.5
④ C4：其他	所含马匹 3，7	赔率 22

场次：第4场
所选组合：第4场（CWC）（C1）
每注金额：100元

WINNING REGION　胜出地区（组合独赢）

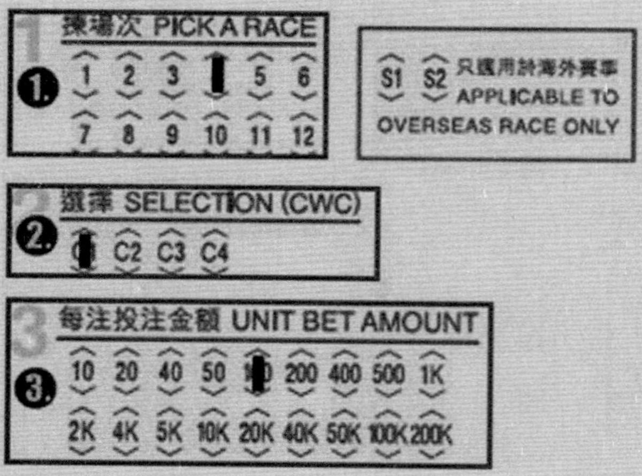

注释	
1	填写场次（第4场）
2	拣选组合（CWC）C1
3	填写每注金额（100元）

图10-6-9

10. 三重彩（单式）

三重彩是指在一场赛事中顺序选中前 3 名马匹。下图中，以第 2 场为例，第一名选择 2 号马，第二名选择 7 号马，第三名选择 9 号马，一共一注，每注 20 元，总投入金额为 20 元。

彩池：三重彩
场次：第2场
所选马匹：第2场
第一名 2号
第二名 7号
第三名 9号
每注金额：20元

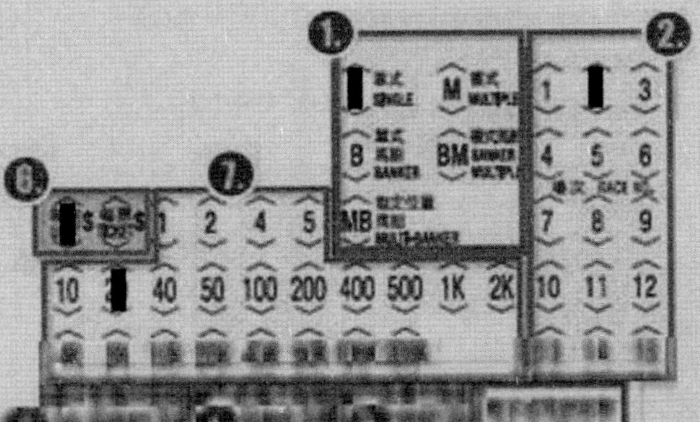

注释	
1	拣选下注方式（单式）
2	填写场次（第2场）
3	拣选第一名马匹（2号）
4	拣选第二名马匹（7号）
5	拣选第三名马匹（9号）
6	拣选下注模式（以“每注”进行）
7	填写每注金额（20元）
组合数目：1注；下注总额：20元；每注金额：20元	

图10-6-10

11. 三重彩（单式，一匹马胆）

下图为三重彩单式一匹马胆下注例子，选择第一场进行下注，马胆为 2 号马，配脚为 3，4，5，6 号，则排列注为$A_4^2=12$，即总共 12 注，所投总金额为 100 元，每注约 8.33 元。

彩池：三重彩
场次：第1场
所选马匹：第1场 2号 胆拖3，4，5，6号
每票总额：100元

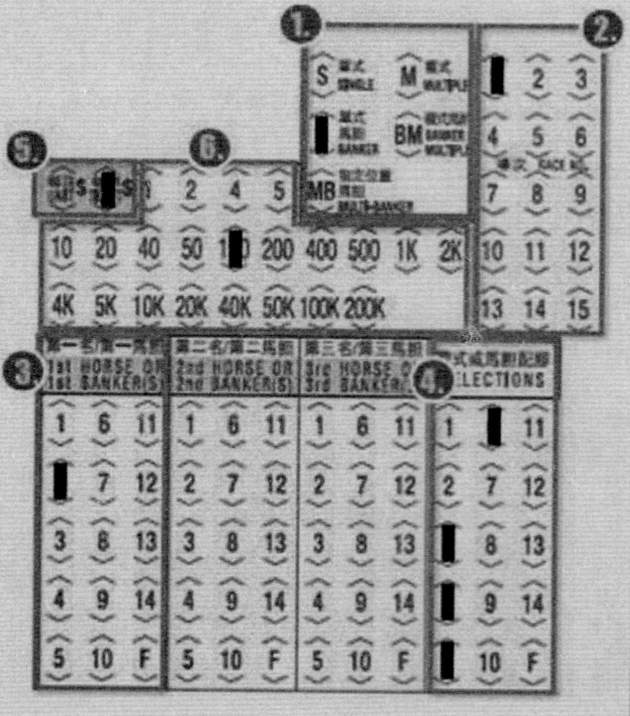

注释	
1	拣选下注方式（单式马胆）
2	填写场次（第1场）
3	拣选马胆（2号）
4	拣选配脚（3，4，5，6号）
5	拣选下注模式（以“每注”进行）
6	填写下注总额（100元）
组合数目：12注；下注总额：100元；每注金额：8.33元	

图10-6-11

12. 三重彩（单式，二匹马胆）

下图为三重彩单式二匹马胆的下注例子。在第 5 场赛事中的 5 号马为第 1 马胆，7 号马为第 2 马胆，配脚为 1，2，3，4 号马，则注数为$C_4^1=4$注，即 5 → 7 → 1，5 → 7 → 2，5 → 7 → 3，5 → 7 → 4，每注 10 元，共投入 40 元。

彩池：三重彩
场次：第5场
所选马匹：第5场 5，7号 胆拖1，2，3，4号
每注金额：10元

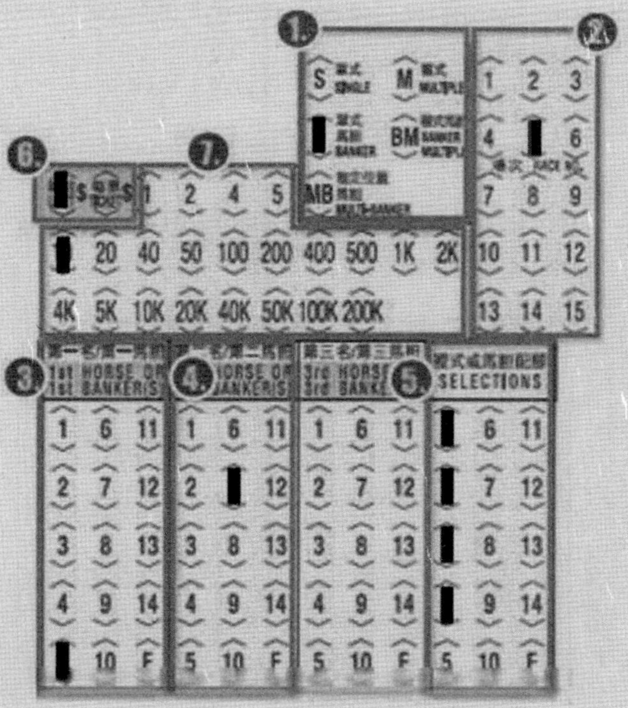

注释	
1	拣选下注方式（单式马胆）
2	填写场次（第5场）
3	拣选第一匹马胆（5号）
4	拣选第二匹马胆（7号）
5	拣选配脚（1，2，3，4号）
6	拣选下注模式（以“每注”进行）
7	填写每注金额（10元）

组合数目：4注；下注总额：40元；每注金额：10元

图10-6-12

13. 三重彩（复式）

下图为三重彩复式下注的例子，填写彩票时，只需在最后一栏填涂马匹号码即可。本例中共选择 4 匹马，分别为 4，5，6，7 号，则注数为A_4^3=24 注，总投入金额为 100 元，平均每注 4.16 元。

彩池：三重彩
场次：第2场
所选马匹：第2场 4，5，6，7号
每票总额：100元

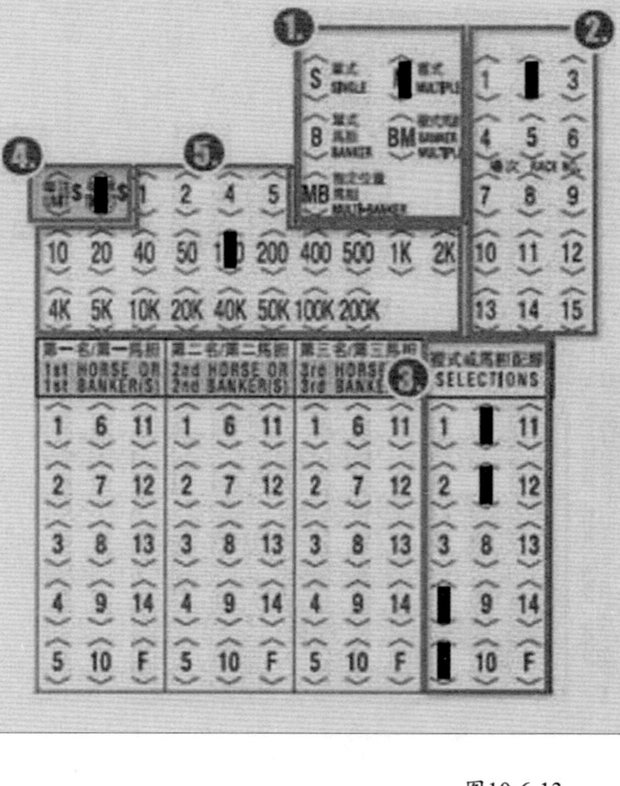

注释	
1	拣选下注方式（复式）
2	填写场次（第2场）
3	拣选马匹（4，5，6，7号）
4	拣选下注模式（以“每票”进行）
5	填写下注总额（10元）
组合数目：24注；下注总额：100元；每注金额：4.16元	

图10-6-13

14. 三重彩（复式马胆）

此例与前面单式马胆原理一样，分别选择 2 号马为第一马胆，3 号马为第二马胆，配脚共 4 匹马，分别为 7，8，9，10，则注数为$A_4^2 + A_4^2$=24 注，投入总金额为 100 元，每注 4.16 元。以下注为不指定马胆位置，可以理解为只有某一个位置是不动的，如固定第 1 名，则第 1 名有马匹马胆，第 2 名和第 3 名只用在配脚中排列即可。

彩池：三重彩
场次：第3场
所选马匹：第3场 2，3号 胆拖7，8，9，10号
每票总额：100元

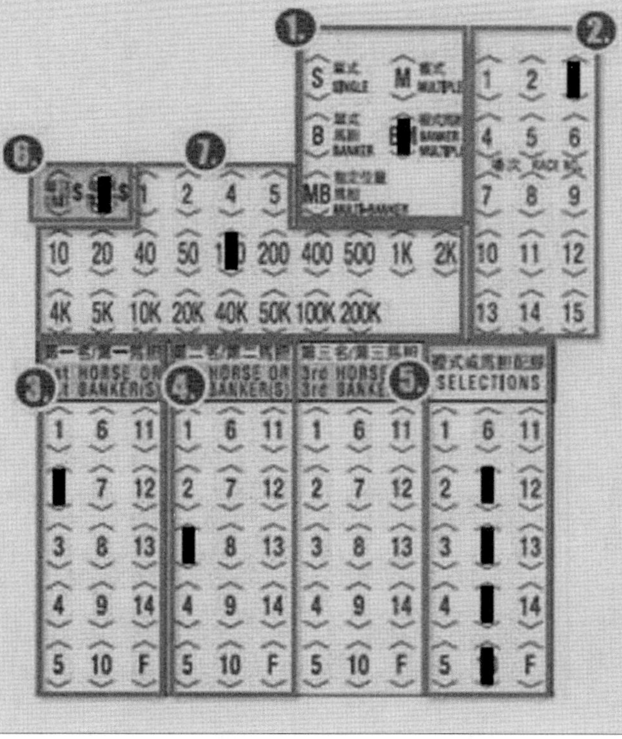

注释	
1	拣选下注方式（复式马胆）
2	填写场次（第3场）
3	拣选第一匹马胆（2号）
4	拣选第二匹马胆（3号）
5	拣选配脚（7，8，9，10号）
6	拣选下注模式（以“每票”进行）
7	填写下注总额（100元）
组合数目：24注；下注总额：100元；每注金额：4.16元	

图10-6-14

15. 三重彩（指定位置马胆）

此图为指定位置马胆的三重彩例子。也就是说第一名已指定 1，3，7 号，第二名指定 2,5,6 号，第三名指定 4,7 号，则总注数为$C_3^1 \times C_3^1 \times C_2^1$=18 注，总投入金额为 100 元，每注 5.55 元。

彩池：三重彩
场次：第3场
第一名：1，3，7号
第二名：2，5，6号
第三名：4，7号
每票总额：100元

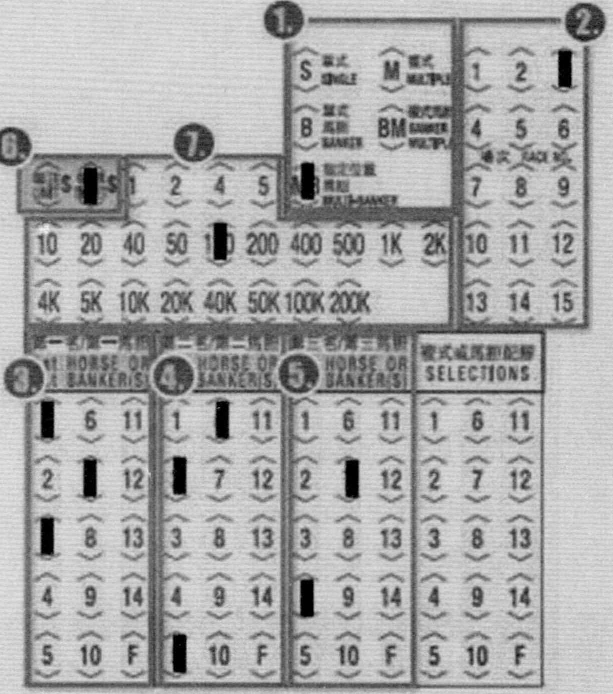

注释	
1	拣选下注方式（指定位置马胆）
2	填写场次（第3场）
3	拣选第一匹马胆（1，3，7号）
4	拣选第二匹马胆（2，5，6号）
5	拣选第三匹马胆（4，7号）
6	拣选下注模式（以“每票”进行）
7	填写下注总额（100元）
组合数目：18注；下注总额：100元；每注金额：5.55元	

图10-6-15

16. 四连环（单式）

四连环指以不计顺序的方式选中场比赛中的前 4 名，下图中在第 2 场赛事中选择 1，6，8，10 号马，每注 20 元，共 1 注，总投入 20 元。

彩池：四连环
场次：第2场
所选马匹：第2场　1，6，8，10号
每注金额：20元

单T*单T过关*孖T*三T*四连环

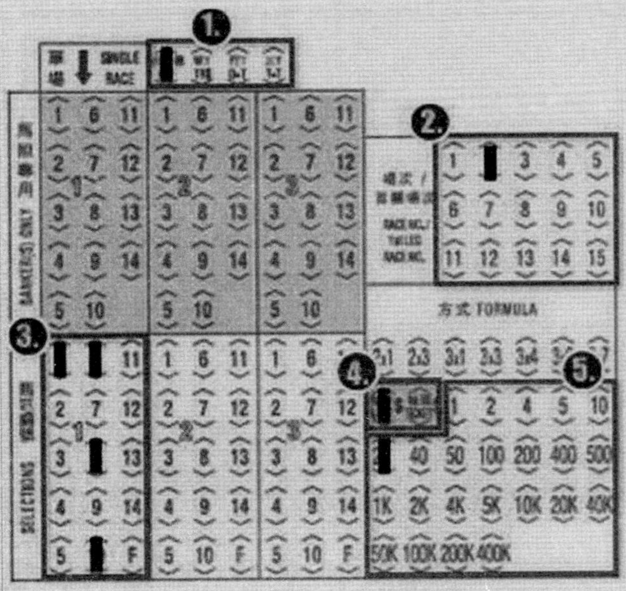

注释	
1	拣选彩池（四连环）
2	填写场次（第2场）
3	拣选马匹（1，6，8，10号）
4	拣选下注模式（以“每注”进行）
5	填写每注金额（20元）
组合数目：1注；下注总额：20元；每注金额：20元	

图10-6-16

17. 四连环（复式）

四连环的复式形式即所选择的马匹超过 4 匹马，下图中共选择了 2，3，5，7，9，11，12 号共 7 匹马，则总注数为C_7^4=35 注，总投入为 100 元，单注金额 2.85 元。

彩池：四连环
场次：第3场
所选马匹：第3场 2，3，5，9，11，12号
每票总额：100元

单T*单T过关*孖T*三T*四连环

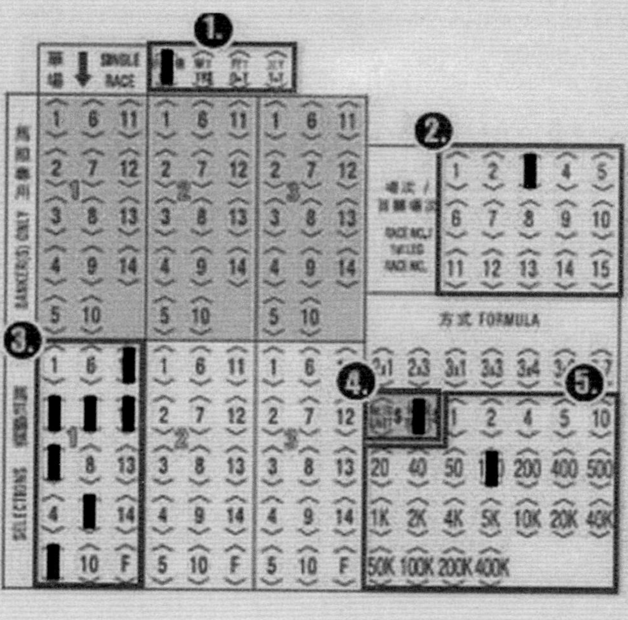

注释	
1	拣选彩池（四连环）
2	填写场次（第3场）
3	拣选马匹（2, 3, 5, 7, 9, 11, 12号）
4	拣选下注模式（以“每票”进行）
5	填写下注总额（100元）
组合数目：35注；下注总额：100元；每注金额：2.85元	

图10-6-17

18. 四连环（马胆）

下例中是以马胆的形式完成四连环下注。共有C_4^3=4 注，每注金额为 10 元，总投入 40 元。

彩池：四连环
场次：第7场
所选马匹：第7场　3号 胆拖6，8，10，11号
每注金额：10元

单T*单T过关*孖T*三T*四连环

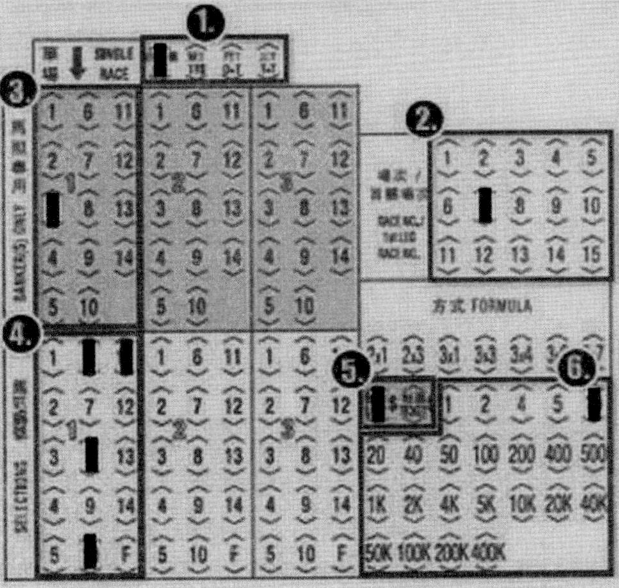

注释	
1	拣选彩池（四连环）
2	填写场次（第7场）
3	拣选马匹（3号）
4	拣选配脚（6，8，10，11号）
5	拣选下注模式（以“每注”进行）
6	填写每注金额（10元）

组合数目：4注；下注总额：40元；每注金额：10元

图10-6-18

19. 四重彩（单式）

四重彩指在一场赛事中顺序选中前 4 名，其基本原理与三重彩一样，只不过在马匹数量选择上多了一匹马。下图中为最基本的四重彩单式下注。每注 10 元，共投入 10 元。

彩池：四重彩
场次：第5场
第一名：8号
第二名：12号
第三名：5号
第四名：1号
每注金额：10元

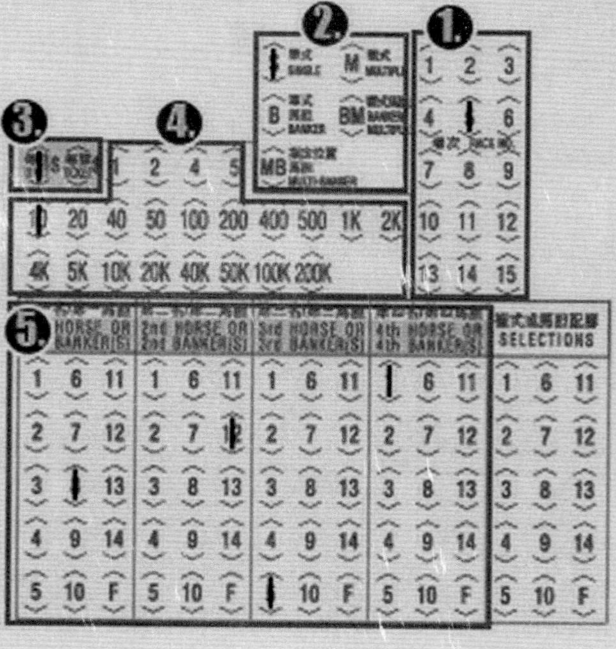

注释	
1	填写场次（第5场）
2	填写下注方式（单式）
3	选择下注模式（每注）
4	填写每注金额（10元）
5	填写马匹编号（8，12，5，1号）
组合数目：1注；下注总额：10元；每注金额：10元	

图10-6-19

20. 四重彩（单式马胆）

下图为四重彩的单式马胆投注，即只有一个马胆，后面的配脚直接按A_6^3进行排列即可，共有 120 注，每注金额 1 元，共投入 120 元。

彩池：四重彩
场次：第10场
第一马胆：8号；马匹配脚：1，5，6，11，12，14号
每注金额：1元

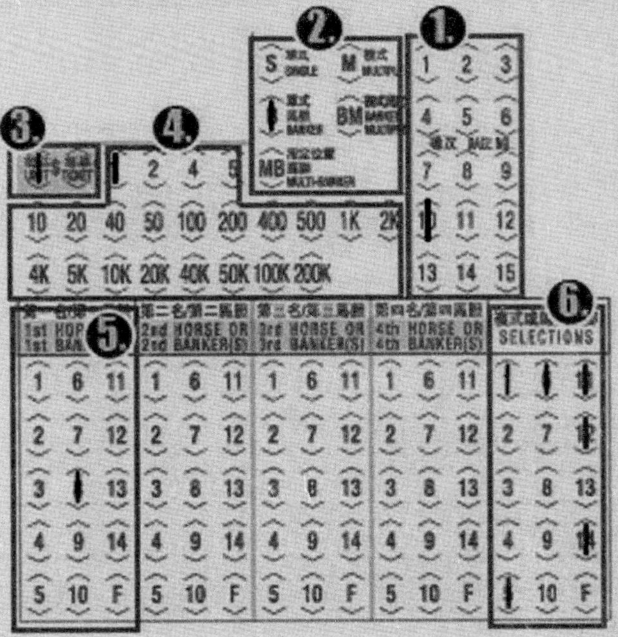

注释	
1	填写场次（第10场）
2	填写下注方式（单式马胆）
3	选择下注模式（每注）
4	填写每注金额（1元）
5	填写第一马胆（8号）
6	填写马胆配脚（1，5，6，11，12，14号）

组合数目：120注；下注总额：120元；每注金额：10元

图10-6-20

21. 四重彩（复式）

下图为四重彩的复式下注例子，总的注数为A_5^4=120 注。每注 1 元，总投入为 120 元。

彩池：四重彩
场次：第5场
所选马匹：第5场1，5，8，12，14号
每注金额：1元

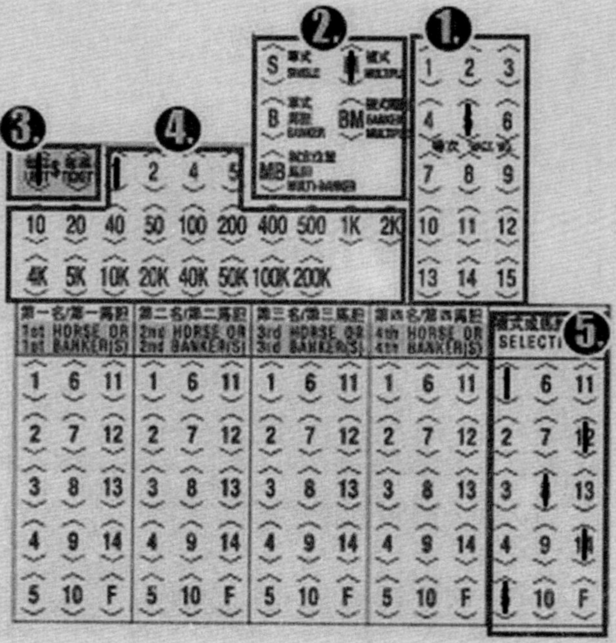

注释	
1	填写场次（第5场）
2	填写下注方式（复式）
3	选择下注模式（每注）
4	填写每注金额（1元）
5	填写马匹编号（1, 5, 8, 12, 14号）
组合数目：120注；下注总额：120元；每注金额：1元	

图10-6-21

22. 四重彩（复式马胆）

四重彩复式马胆原理同三重彩复式马胆，下图中配脚共 5 匹马，总注数为 240，每注 1 元，共 240 元。

彩池：四重彩
场次：第10场
所选马匹：第一马胆 8号；
马匹配脚 1，5，6，11，14号
每注金额：1元

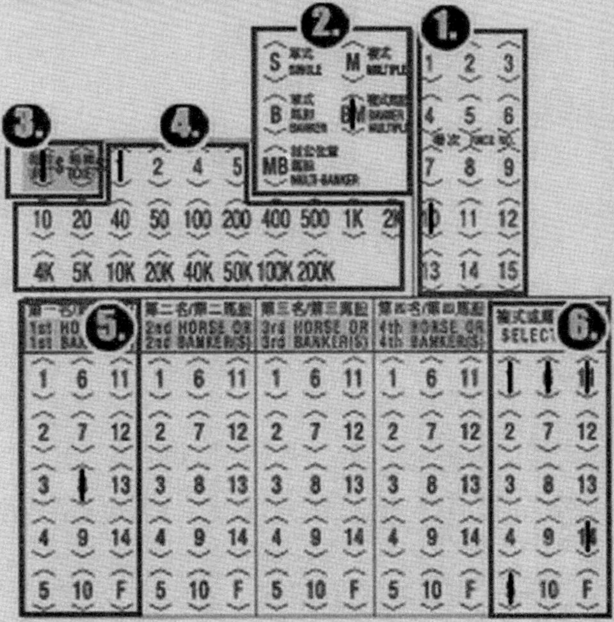

注释	
1	填写场次（第10场）
2	填写下注方式（复式马胆）
3	选择下注模式（每注）
4	填写每注金额（1元）
5	填写第一马胆（8号）
6	填写马胆配脚（1, 5, 6, 11, 14号）
组合数目：240注；下注总额：240元；每注金额：1元	

图10-6-22

23. 四重彩（指定位置马胆）

四重彩指定位置马胆原理同三重彩指定位置马胆，注数为$C_2^1 \times C_2^1 \times C_2^1 \times C_2^1$=16注，每注10元，共投入160元。

彩池：四重彩
场次：第10场
所选马匹：第一马胆8，12号
第二马胆2，7号
第三马胆5，14号
第三马胆1，9号
每注金额：10元

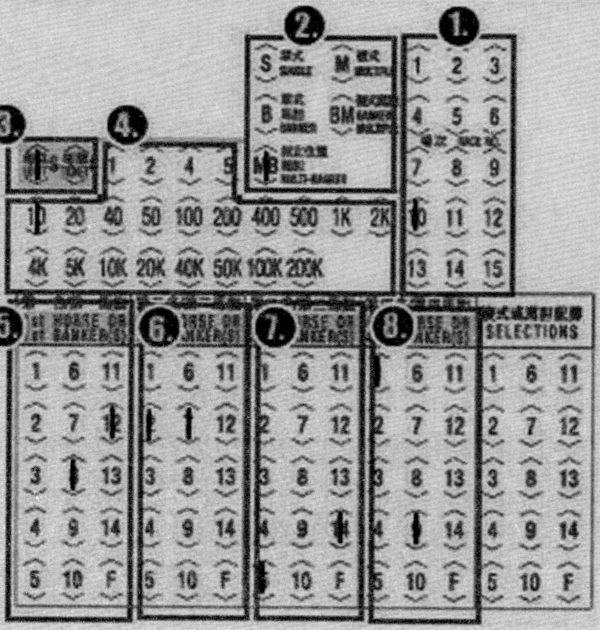

注释	
1	填写场次（第10场）
2	填写下注方式（指定位置马胆）
3	选择下注模式（每注）
4	填写每注金额（10元）
5	填写第一马胆（8，12号）
6	填写第二马胆（2，7号）
7	填写第三马胆（5，14号）
8	填写第四马胆（1，9号）
组合数目：16注；下注总额：160元；每注金额：10元	

图10-6-23

24. 单 T

单 T 指一场赛事中不计顺序选中前三名马匹。本例中选择 2，3，8 号马共 1 注，每注 20 元，共投入 20 元。

彩池：单T
场次：第2场
所选马匹：第2场 2，3，8号
每注金额：20元

单T*单T过关*孖T*三T*四连环

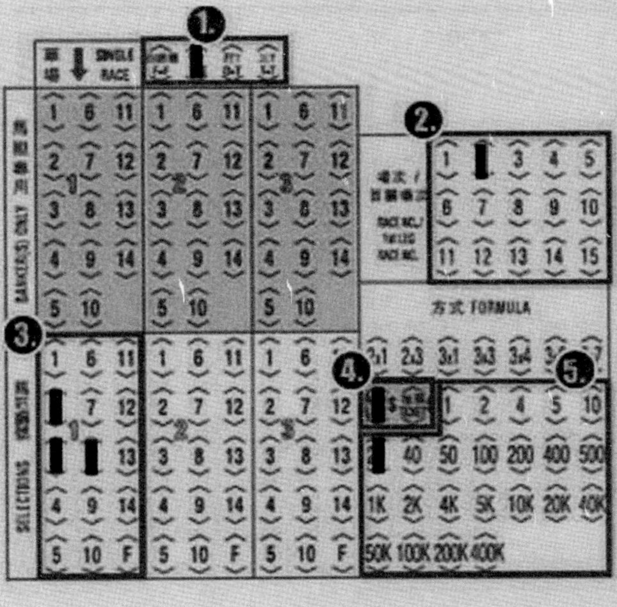

注释	
1	拣选彩池（单T）
2	填写场次（第2场）
3	拣选马匹（2，3，8号）
4	拣选下注模式（以“每注”进行）
5	填写每注金额（20元）
组合数目：1注；下注总额：20元；每注金额：20元	

图10-6-24

25. 单 T（马胆）

单 T 马胆原理同位置 Q 马胆，下例中选择了 2 匹马胆，3 匹配脚，总注数为C_3^1=3 注，每注金额 10 元，总投入 30 元。

彩池：单T
场次：第2场
所选马匹：第2场 2，8号 胆拖3，4，10号
每注金额：10元

单T*单T过关*孖T*三T*四连环

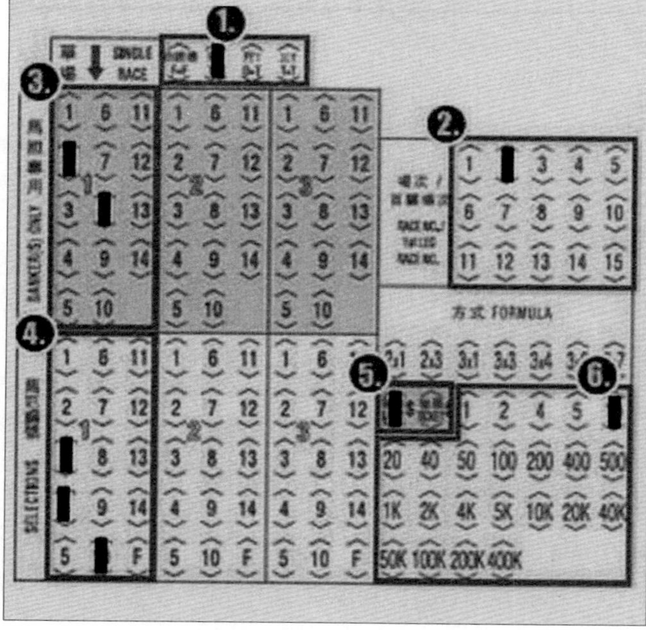

注释	
1	拣选彩池（单T）
2	填写场次（第2场）
	拣选马胆（2，8号）
3	拣选配脚（3，4，10号）
4	拣选下注模式（以“每注”进行）
5	填写每注金额（10元）
组合数目：3注；下注总额：30元；每注金额：10元	

图10-6-25

26. 孖 T

孖 T 指两场比赛中均以不计顺序的方式选中前 3 名，此例中第一场选择 1，3，7 号马，第二场选择 4，5，6 号马，共 1 注，每注 10 元，总投入 10 元。

彩池：孖T
场次：第6，7场
所选马匹：第6场1，3，7号
第7场4，5，6号
每注金额：10元

单T*单T过关*孖T*三T*四连环

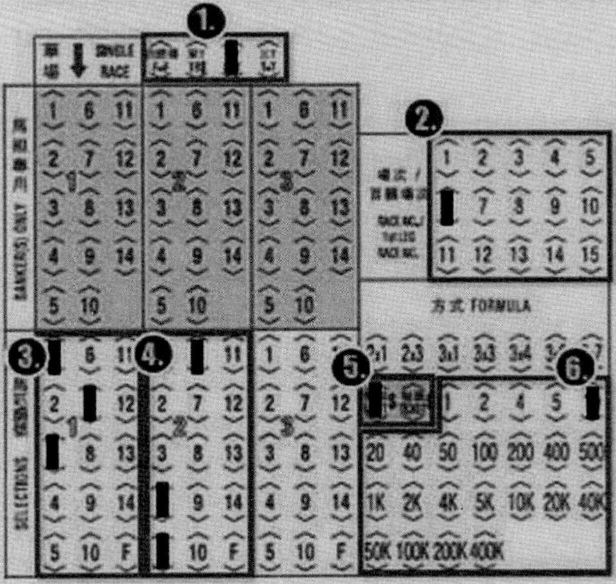

注释	
1	拣选彩池（孖T）
2	填写首关场次（第6场）
3	拣选首关马匹（1，3，7号）
4	拣选次关马匹（4，5，6号）
5	拣选下注模式（以“每注”进行）
6	填写每注金额（10元）
组合数目：1注；下注总额：10元；每注金额：10元	

图10-6-26

27. 孖 T（马胆）

孖 T 马胆式下注同单 T 马胆式下注，只是在比赛场次上多选了一场。本例中共有 100 注，每注 1 元，共投入 100 元。

彩池：孖T
场次：第6，7场
所选马匹：第6场7号 胆拖4，8，11，13，14号
第7场9号 胆拖2，6，10，11，12号
每注金额：1元

单T*单T过关*孖T*三T*四连环

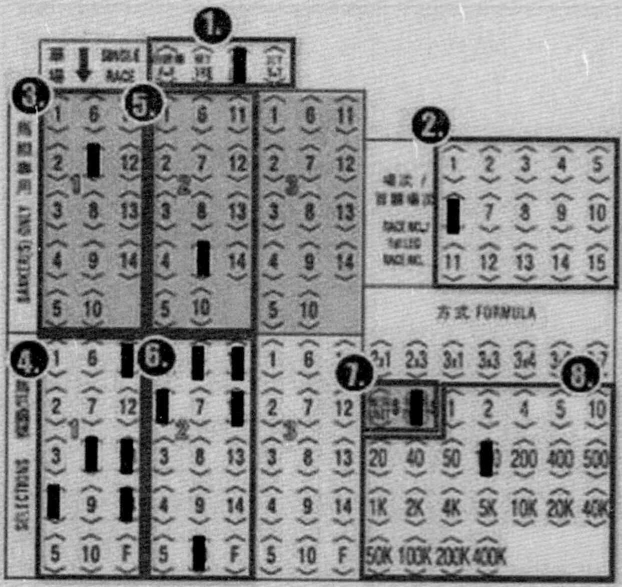

注释	
1	拣选彩池（孖T）
2	填写首关场次（第6场）
3	拣选首关马胆（7号）
4	拣选首关配脚（4，8，11，13，14号）
5	拣选次关马胆（9号）
6	拣选次关配脚（2，6，10，11，12号）
7	拣选下注模式（以“每票”进行）
8	填写下注总额（100元）
组合数目：100注；下注总额：100元；每注金额：1元	

图10-6-27

28. 三 T

三 T 是指在三场赛事中均以不计顺序的方式选中前 3 名，下图中第一场选 1，7，8，10 号，第二场选 2，5，6，9 号，第三场选 3，4，7，9 号，每场 4 种组合，4 场共 64 种组合，即 64 注，每注 2 元，总投入 128 元。

彩池：三T
场次：第4，5，6场
所选马匹：第4场1，7，8，10号
第5场2，5，6，9号
第6场3，4，7，9号
每注金额：2元

单T*单T过关*孖T*三T*四连环

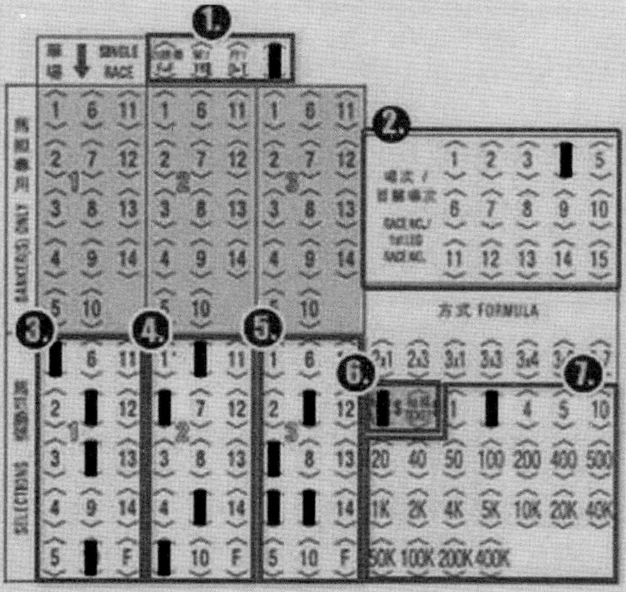

注释	
1	拣选彩池（三T）
2	填写首关场次（第4场）
3	拣选首关马匹（1，7，8，10号）
4	拣选次关马匹（2，5，6，9号）
5	拣选尾关马匹（3，4，7，9号）
6	拣选下注模式（以“每注”进行）
7	填写每注金额（2元）

组合数目：4×4×4=64注；下注总额：128元；每注金额：2元

图10-6-28

29. 三 T（马胆）

三 T 马胆的下注原理与孖 T 马胆下注的原理一样，只是选择的场次多了一场。下例中每场均选择了马胆，且第三场选择了两匹马胆，通过组合计算，共有 27 注，以每票 200 元下注，每注 7.4 元。

彩池：三T
场次：第4，5，6场
所选马匹：第4场 7号 胆拖2，6，9号
第5场 7号 胆拖1，6，11号
第6场 8，9号 胆拖1，2，5号
每票总额：200元

单T*单T过关*孖T*三T*四连环

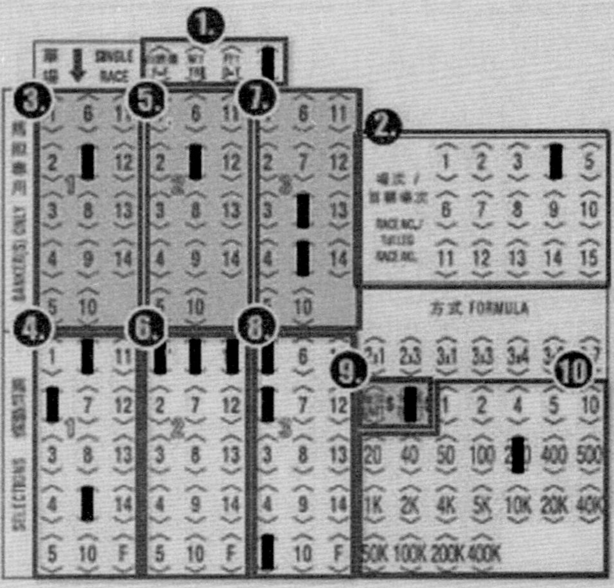

注释	
1	拣选彩池（三T）
2	填写首关场次（第4场）
3	拣选首关马胆（7号）
4	拣选首关配脚（2，6，9号）
5	拣选次关马胆（7号）
6	拣选次关配脚（1，6，11号）
7	拣选尾关马胆（8，9号）
8	拣选尾关配脚（1，2，5号）
9	拣选下注模式（以“每票”进行）
10	填写下注总额（200元）
组合数目：27注；下注总额：200元；每注金额：7.4元	

图10-6-29

30. 孖宝

孖宝是指在指定的两场赛事中，每场均选中第一名，下图中第 3 场选择 8 号马，第 4 场选择 3 号马，共 1 注，每注 10 元，共投入 10 元。

彩池：孖宝
场次：第3，4场
所选马匹：第3场 8号
第4场 3号
每注金额：10元

DOUBLE*TREBLE*SIX UP　孖宝*三宝*六环彩

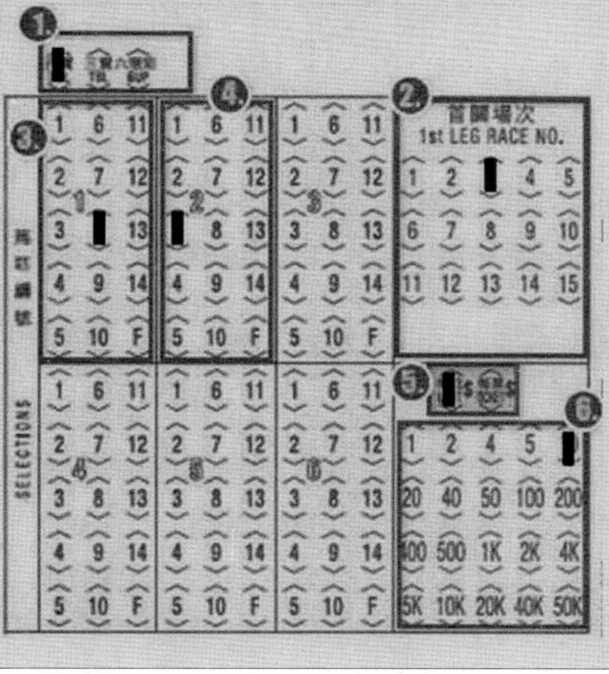

注释	
1	拣选彩池（孖宝）
2	填写首关场次（第3场）
3	拣选首关马匹（8号）
4	拣选次关马匹（3号）
5	拣选下注模式（以“每注”进行）
6	填写每注金额（10元）
组合数目：1注；下注总额：10元；每注金额：10元	

图10-6-30

31. 三宝

三宝是指在指定的三场赛事中，每场均选中第一名，此列中每场均选择了 3 匹马，其排列注数为$C_3^1 \times C_3^1 \times C_3^1$=27 注，共投入 100 元，每注 3.7 元。

彩池：三宝
场次：第6，7，8场
所选马匹： 第6场 7，8，9号
第7场 1，2，3号
第8场 2，3，6号
每票总额：100元

DOUBLE*TREBLE*SIX UP 孖宝*三宝*六环彩

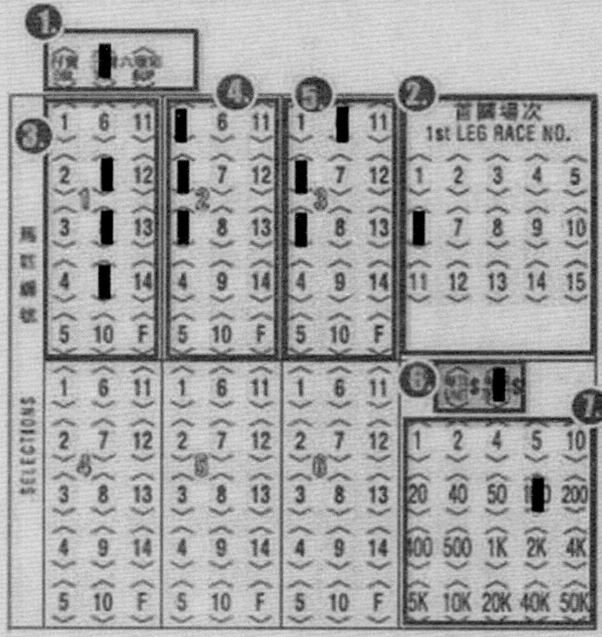

注释	
1	拣选彩池（三宝）
2	填写首关场次（第6场）
3	拣选首关马匹（7，8，9号）
4	拣选次关马匹（1，2，3号）
	拣选尾关马匹（2，3，6号）
5	拣选下注模式（以“每票”进行）
6	填写每注金额（100元）
组合数目：27注；下注总额：100元；每注金额：3.7元	

图10-6-31

32. 六环彩

六环彩指在指定的 6 场赛事中，每场均选中第 1 名或第 2 名，此例中 6 场赛事中每场赛事选择了 2 匹马，排列后共$C_2^1 \times C_2^1 \times C_2^1 \times C_2^1 \times C_2^1 \times C_2^1=64$注，共投入 200 元，每注 3.12 元。

彩池：六环彩
场次：第3，4，5，6，7，8场
所选马匹：第3场 2，3号
第4场 3，9号
第5场 1，5号
第6场 3，6号
第7场 3，7号
第8场 7，9号
每票总额：200元

DOUBLE*TREBLE*SIX UP　孖宝*三宝*六环彩

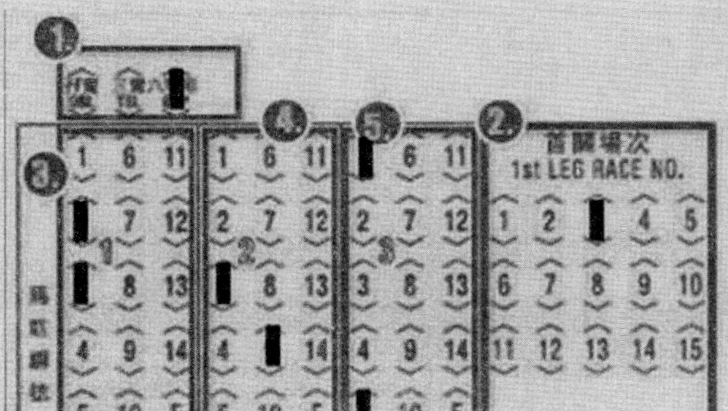

注释	
1	拣选彩池（六环彩）
2	填写首关场次（第3场）
3	拣选首关马匹（2，3号）
4	拣选次关马匹（3，9号）
5	拣选第三关马匹（1，5号）
6	拣选第四关马匹（3，6号）
7	拣选第五关马匹（3，7号）
8	拣选第六关马匹（7，9号）
9	拣选下注模式（以“每票”进行）
10	填写每注金额（200元）
组合数目：64注；下注总额：200元；每注金额：3.12元	

图10-6-32

33. 过关

下图是以独赢的形式过三关，过关方式为 3 串 4（详见第四章第四节），每注 10 元，共 4 注，总投入为 40 元。

过关：独赢过关（三关）
场次：第2，5，7场
所选马匹：第2场 8号
第5场 3号
第7场 10号
过关方式：3×4
每注金额：10元

WIN*PALCE*QUINELLAQUINELLA PLACE*ALL UP
独赢*位置*连赢*位置Q*过关

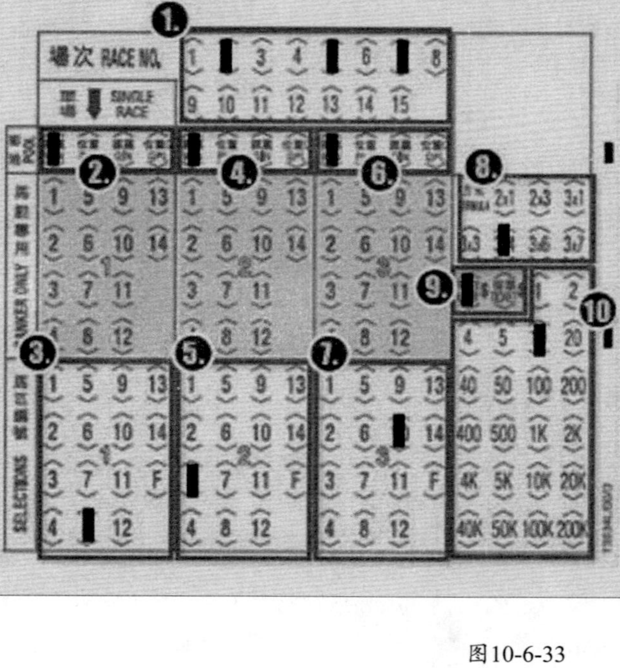

注释	
1	填写过关场次（第2场、第5场、第7场）
2	首关拣选彩池（独赢）
3	拣选首关马匹（8号）
4	次关拣选彩池（独赢）
5	拣选次关马匹（3号）
6	第三关拣选彩池（独赢）
7	拣选第三关马匹（10号）
8	填写过关方式（3×4）
9	拣选下注模式（以“每注”进行）
10	填写每注金额（10元）

组合数目：4注；下注总额：40元；每注金额：20元

图10-6-33

34. 混合过关

混合过关的原理与过关类似，只是在每关上可以选择不同的彩池，下图为混合过关的一个例子。

WIN*PLACE*QUINELLA*QUINELLA PLACE*ALL UP　　独赢*位置*连赢*位置Q*过关

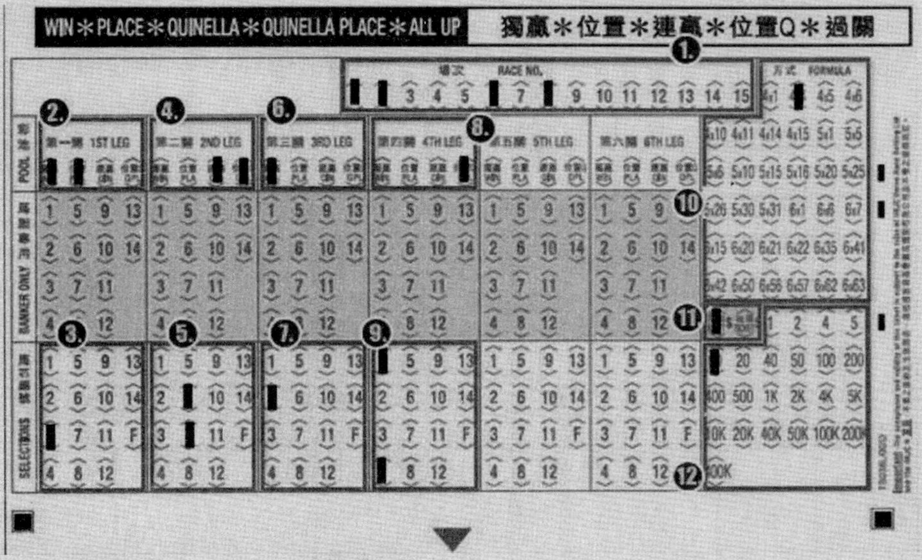

注释			
1	填写过关场次（第1场、第2场、第6场、第8场）	2	首关拣选彩池（独赢、位置）
3	拣选首关马匹（3号）	4	次关拣选彩池（连赢、位置Q）
5	拣选次关马匹（6，7号）	6	第三关拣选彩池（独赢）
7	拣选第三关马匹（2号）	8	第四关拣选彩池（位置Q）
9	拣选第四关马匹（1，4号）	10	填写过关方式（4×4）
11	拣选下注模式（以“每注”进行）	12	填写每注金额（10元）
组合数目：12注；下注总额：120元；每注金额：10元			

图10-6-34

35. 3 选 1（组合独赢）过关

3 PICK 1 （composite win） 3拣1（组合独赢）

WIN*PLACE*QUINELLA*QUINELLA PLACE*ALL UP 独赢*位置*连赢*位置Q*过关

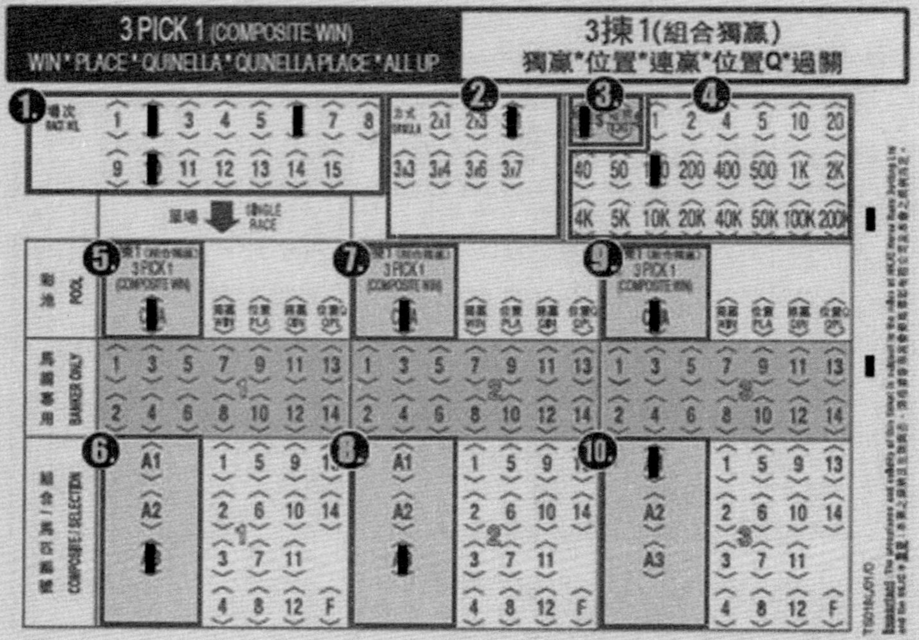

注释			
1	填写过关场次（第2场、第6场、第10场）	6	拣选过关组合（A3）
2	填写过关方式（3×1）	7	次关拣选彩池（CWA）
3	拣选下注模式（以“每注”进行）	8	拣选次关组合（A3）
4	填写每注金额（100元）	9	第三关拣选彩池（CWA）
5	首关拣选彩池（CWA）	10	拣选第三关组合（A1）

组合数目：1注；下注总额：100元；每注金额：100元

图10-6-35

二、固定赔率下注类

骑师王

骑师王下注指在当天的参赛骑师中，选择某位骑术水平最高，获得积分最多的骑师。下图为骑师王的下注范例。

下注种类：骑师王
下注选择：14号（其他骑师）
每注金额：100元

JOCKEY CHALLENGE　　骑师王

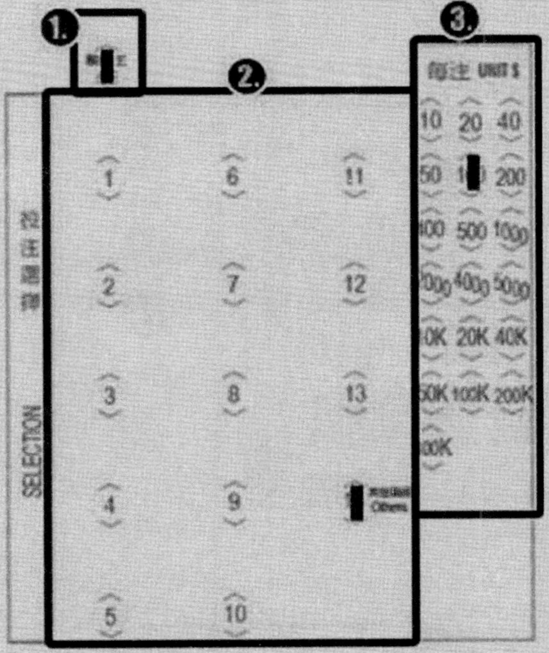

注释	
1	拣选下注种类（骑师王）
2	拣选编号（14号）
3	填写每注金额（100）
组合数目：1注；下注总额：100元；每注金额：100元	

图10-6-36

第七节　核对彩票机印

一、核对机打彩票

典型的彩票形式如下，不同的下注类型其机打彩票稍有差别，单基本内容大同小异，所以在离开下注窗口之前一定要仔细核对机打彩票是否有误。

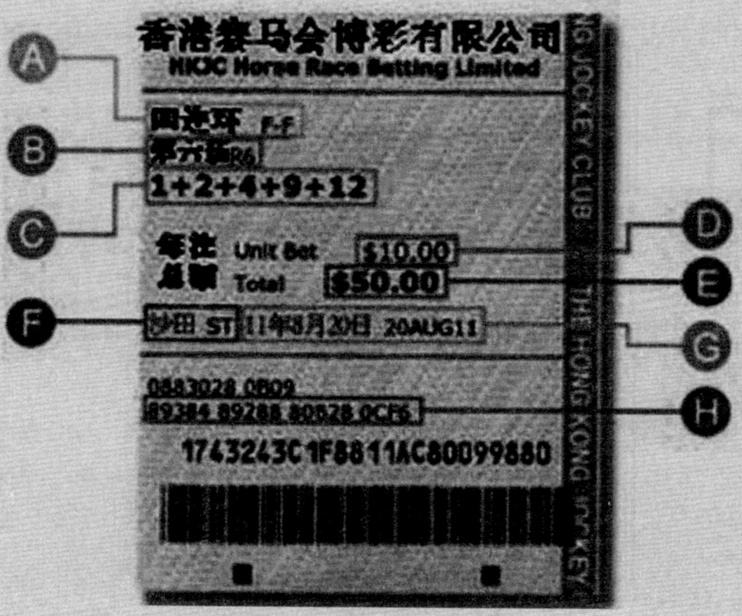

注释：

A：彩池　Pool

B：赛事场次　Race Number

C：所选马匹编号　Horse No. Selections

D：每注金额　Unit Bet

E：总金额　Total Bet Amount

F：马场　Racecourse

G：赛马日期　Racemeeting Date

H：彩票序列号　Ticket Serial Number

图10-7-1

二、简写及符号注释

表10-7-1

ST=	沙田	HV=	跑马地		
WIN=	独赢	TRI=	单T	CWC=	胜出地区（组合独赢）
QIN=	连赢	QTT=	四重彩	ALUP=	过关投注
TCE=	三重彩	TBL=	三宝	+	分割同场所选的不同马匹
PLA=	位置	T-T=	三T	>	分割所选马胆与其他配脚马匹
QPL=	位置Q	JKC=	骑师王	F	全部马匹
F-F=	四连环	W-P=	独赢及位置	M	复式
DBL=	孖宝	QQP=	连赢及位置Q		
D-T=	孖T	CWA=	3拣1（组合独赢）		
6UP=	六环彩	CWB=	胜出练马师（组合独赢）		

第十一章　澳门赛马下注介绍

第一节　下注种类及截止时间[1]

下注

表11-1-1

下注种类	领取彩金资格	马匹退出	下注单位	截止接受下注时间
独赢	有两匹或以上出赛马匹之赛事，选中第一名。	退款	十元或其倍数	开赛时间或首关赛事开赛时间
位置	有七匹或以上出赛马匹之赛事，选中第一、第二或第三名次马匹。有四、五或六匹出赛马匹之赛事，选中第一或第二名次马匹。			
连赢	第一、二名马匹，毋须顺序。			
位置Q	有七匹或以上出赛马匹之赛事，选中头三名中任何两名而毋须顺序。			
孖宝（安慰奖）	两关之第一名马匹。 第一关第一名搭第二关第二名。	由大热门代替每一退出马匹，即使下注组合已选择大热门。		
六环彩（特别奖）	指定六场赛事中所选马匹均跑入第一或二名。 指定六场赛事中所选马匹均胜出头马。			

[1]　本章内容来源澳门赛马会官网 http://www.mjc.mo/race/info/index.php 及 https://www.macauhorsebet.com/cust

续表

下注种类	领取彩金资格	马匹退出	下注单位	截止接受下注时间
孖Q	指定两场赛事中每场均选中头两名马匹而毋须顺序。	由第一大热门代替；如已选第一大热门者则由第二大热门代替。如第一及第二大热门已被选者，则按所选马匹由第一大热门或第二大热门代替。	十元或其倍数。但如每下注注项之总下注额不少于一百元者，两元或以上之下注单位亦可接纳。	
孖T	指定两场赛事中每场均选中第一、第二及第三名次马匹而毋须顺序。	由第一大热门代替；如已选择第一大热门；则由第二大热门代替。如已选第一及第二大热门，则由第三大热门代替。		
三T	指定三场赛事中均选中第一、第二及第三名次马匹而毋须顺序。			
三重彩	顺序胜出之第一、第二及第三名马匹。	受影响之组合退款，其余注额则仍然有效。		

过关

表11-1-2

过关方法	牵涉场数	过关组合			每注十元所需之最低下注额	领取彩金资格	马匹退出	截止时间
		一关	二关	三关				
2×1	2	-	1	-	10	所有关次必须胜出	1）只涉及一关之马匹组合可获退款。 2）涉及两关或以上之马匹组合，其注项将自动下注于其后选定场次之马匹组合内，此类注项将不获退款。	首关赛事开跑时截止
3×1	3	-	-	1	10			
2×3	2	2	1	-	30	最少须有一关胜出		
3×7	3	3	3	1	70			
3×3	3	-	3	-	30	最少须有两关胜出		
3×4	3	-	3	1	40	最少须有两关胜出		

第二节　彩票种类与下注指南

详见第四章。

第三节　注数表

一、连赢/位置Q

表11-3-1

所选马匹数目	胆拖注数	互串注数
2	-	1
3	2	3
4	3	6
5	4	10
6	5	15
7	6	21
8	7	28
9	8	36
10	9	45
11	10	55
12	11	66
13	12	78
14	13	91

二、过关[独赢/位置/连赢/位置Q]组合

表11-3-2

过关方法	一关	二关	三关
2×1	-	1	-
2×3	2	1	-
3×1	-	-	1
3×3	-	3	-
3×4	-	3	1
3×7	3	3	1

三、孖T/三T[单场注数]

表11-3-3

所选马匹数目	3	4	5	6	7	8	9	10	11	12	13	14
互串注数	1	4	10	20	35	56	84	120	165	220	286	364
单誊注数	-	3	6	10	15	21	28	36	45	55	66	78
双胆注数	-	2	3	4	5	6	7	8	9	10	11	12

四、三重彩马胆单式/复式

表11-3-4

所选马匹总数	一匹马胆		两匹马胆	
	单式	复式	单式	复式
3	2	-	-	-
4	6	18	2	12
5	12	36	3	18
6	20	60	4	24

续表

所选马匹总数	一匹马胆		两匹马胆	
	单式	复式	单式	复式
7	30	90	5	30
8	42	126	6	36
9	56	168	7	42
10	72	216	8	48
11	90	270	9	54
12	110	330	10	60
13	132	396	11	66
14	156	468	12	72

五、三重彩复式

表11-3-5

所选马匹总数	复式
3	6
4	24
5	60
6	120
7	210
8	336
9	504
10	720
11	990
12	1320
13	1716
14	2184

六、总下注金额计算方式

表11-3-6

独赢/位置	=	每注金额	×	所选马匹总数
独赢位置	=	每注金额	×	所选马匹总数×2
连赢	=	每注金额	×	组合注数
位置Q	=	每注金额	×	组合注数
孖宝	=	每注金额	×	首关所选马匹总数×尾关所选马匹总数
六环彩	=	每注金额	×	每关所选马匹总数相乘
孖Q	=	每注金额	×	首关组合注数×尾关组合注数
孖T	=	每注金额	×	首关组合注数×尾关组合注数
三T	=	每注金额	×	首关组合注数×次关组合注数×尾关所选组合注数
三重彩	=	每注金额	×	总注数

第十二章　新加坡赛马下注介绍

第一节　下注种类[1]

新加坡赛马公会的赛马下注以同注分彩法进行。扣除消费税与马会所得佣金后，剩余彩池奖金额作派彩分派给赢家。马会所抽取的佣金分别介于 0% ～ 18%（独赢彩和位置彩）、18%（预测彩与位置预测彩）及 25%（三重彩、单 T 彩、四重彩与四连彩）。

马会目前提供的下注方式如下：

①独赢彩：选择您认为会胜出的冠军马。独赢彩每下注额 5 元。新加坡赛事最低派彩为 6 元，除非由马会全权酌情决定，并宣布某场赛事的最低独赢派彩为 5.30 元。其余赛事为 5.30 元。

②卷式独赢：准确预测两个或三个场次的优胜马匹，即可赢奖。您在每场赛事中所赢得的奖金和 / 或退款将会自动下注在下一场赛事中。卷式独赢适用于新加坡和香港赛事，并将分享独赢彩池的奖金。

③位置彩：在至少有七匹马出赛的赛事，选出前三名马匹。若只有四至六匹马出赛，则选出排名第一或第二的马匹。位置彩每下注额 5 元，最低彩金为 5.10 元。

④预测彩：选出排名第一和第二的马匹（不分次序）。预测彩每下注额 2 元，最低彩金为 2.50 元。等同于连赢。

⑤位置预测彩：选出任何两匹排名第一、第二或第三的马匹（不分次序）。位置预测彩每下注额 2 元，最低彩金为 2.50 元。

⑥三重彩：顺序选出首三名马匹。三重彩每下注额 2 元，最低彩金为 3 元。

⑦单 T 彩：选出首三名马匹（不分次序）。单 T 彩每下注额 2 元，最低彩金为 3 元。

⑧四重彩：顺序选出首四名马匹。四重彩每下注额 2 元，最低彩金为 3 元。

⑨四连彩：选出首四名马匹（不分次序）。四连彩每下注额 2 元，最低彩金为 3 元。

---

[1]　本章资料来源于新加坡赛马会 http://www.turfclub.com.sg/Pages/Homepage.aspx

第二节　填写下注固本

一、独赢/位置彩标记检测下注固本

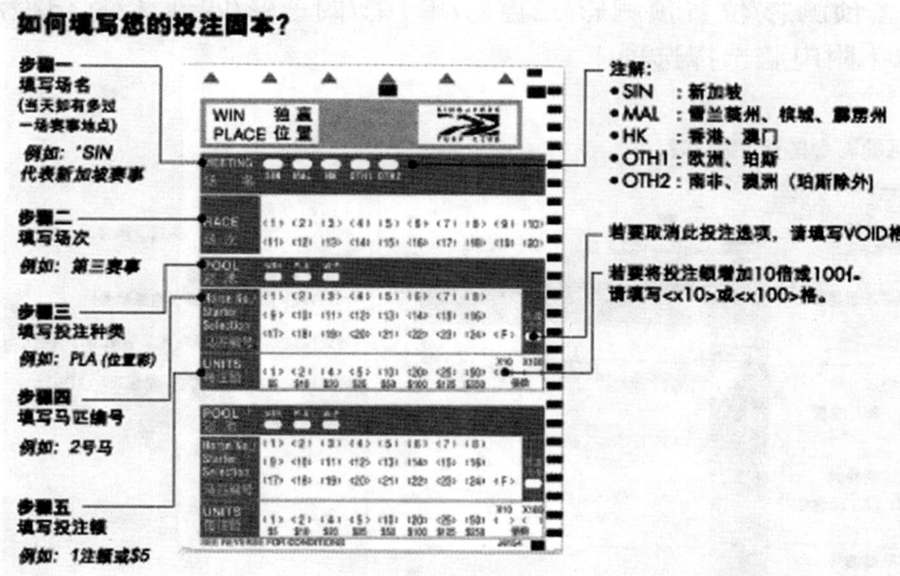

图12-2-1

填写固本范例：

表12-2-1

1	赛事（SIN MAL HK OTH1 OTH2）	SIN（新加坡）
2	场次	第三场赛事
3	下注种类	独赢（位置彩下注请填选'PLA'）
4	马匹编号	2
5	下注额	<5>
总下注额		25元

下注票据将显示：

表12–2–2

RACE 3	SIN		
U5	WIN 2	HORSE NO. 2	25元

二、预测彩/位置预测彩/三重彩/单T彩/四重彩/四连环 标记检测下注固本（附电脑选择选项）

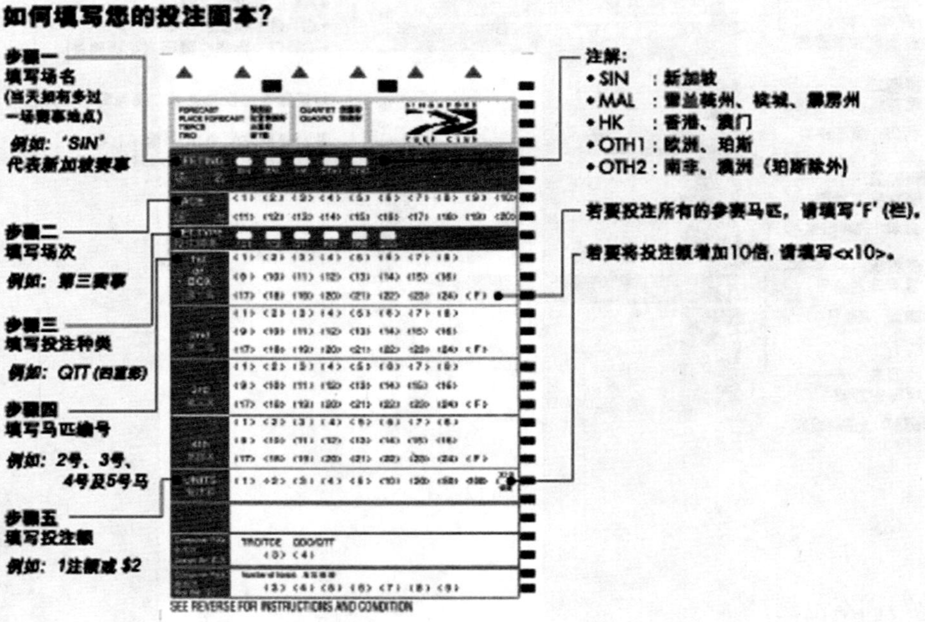

图12-2-2

填写固本范例：

表12–2–3

1	赛事（SIN MAL HK OTH1 OTH2）	SIN （新加坡）
2	场次	第三场赛事
3	下注种类	FCT（预测彩） （三重彩/四重彩/位置预测彩/单T彩/四连彩下注类别请填选（'TCE/QTT/PFT/TRO/QDO'）

续表

4	马匹编号	（预测彩/位置预测彩请填选第一和第二名，三重彩/单T彩请填选第一、第二和第三名，四重彩/四连彩请填选第一、第二、第三和第四名）
或		
4*	电脑选 （仅供三重彩/四重彩/单T彩/四连彩）	3（电脑选三重彩/单T彩） 4（电脑选四重彩/四连彩）
5	下注额	<1>
总下注额	2元	

下注票据将显示：

表12–2–4

RACE 3	SIN	
U1	FCT 2 - 3	2元

电脑选的三重彩下注票据：

表12–2–5

RACE 3	SIN	
U1	TCE 2-3-4 CP	2元

第三节　下注组合表

一、预测彩/位置预测彩下注组合表

表12–3–1

所选马匹数	预测彩/位置预测彩	
	全打	马胆
2	1	-

续表

所选马匹数	预测彩/位置预测彩	
	全打	马胆
3	3	2
4	6	3
5	10	4
6	15	5
7	21	6
8	28	7
9	36	8
10	45	9
11	55	10
12	66	11

二、三重彩下注组合表

表12-3-2

所选马匹数（n）	三重彩		
	全打	马胆	双马胆
3	6	2	-
4	24	6	2
5	60	12	3
6	120	20	4
7	210	30	5
8	336	42	6
9	504	56	7
10	720	72	8
11	990	90	9
12	1320	110	10

表12-3-3

三重彩公式	
全打；	n×（n-1）×（n-2）
马胆；	（n-1）×（n-2）
双马胆：	（n-2）
n为所选择的马匹数量	

三、单T彩下注组合表

表12-3-4

所选马匹数（n）	单T彩		
	全打	马胆	双马胆
3	1	-	-
4	4	3	2
5	10	6	3
6	20	10	4
7	35	15	5
8	56	21	6
9	84	28	7
10	120	36	8
11	165	45	9
12	220	55	10

表12-3-5

单T彩公式	
全打：	n×（n-1）×（n-2）/6
马胆：	（n-1）×（n-2）/2
双马胆：	（n-2）
n为所选择的马匹数量	

四、四重彩下注组合表

表12-3-6

所选马匹数（n）	四重彩		
	全打	马胆	双马胆
4	24	6	2
5	120	24	6
6	360	60	12
7	840	120	20
8	1680	210	30
9	3024	336	42
10	5040	504	56
11	7920	720	72
12	11880	990	90

表12-3-7

四重彩公式	
全打：	n×（n-1）×（n-2）×（n-3）
马胆：	（n-1）×（n-2）×（n-3）
双马胆：	（n-2）×（n-3）
n为所选择的马匹数量	

五、四连环下注组合表

表12-3-8

所选马匹数（n）	四连彩		
	全打	马胆	双马胆
4	1	-	-
5	5	4	3

续表

所选马匹数（n）	四连彩		
	全打	马胆	双马胆
6	15	10	6
7	35	20	10
8	70	35	15
9	126	56	21
10	210	84	28
11	330	120	36
12	495	165	45

表12-3-9

四连彩公式	
全打：	n×（n-1）×（n-2）×（n-3）/24
马胆：	（n-1）×（n-2）×（n-3）/6
双马胆：	（n-2）×（n-3）/2
n为所选择的马匹数量	

第四节　下注信息显示

受注信息会在不同的时间段内显示在马场的电子显示屏上，显示屏会被切割成多块以显示不同的信息，以下是不同的下注类型在电子显示屏的显示状态。

一、独赢位置彩预计派彩

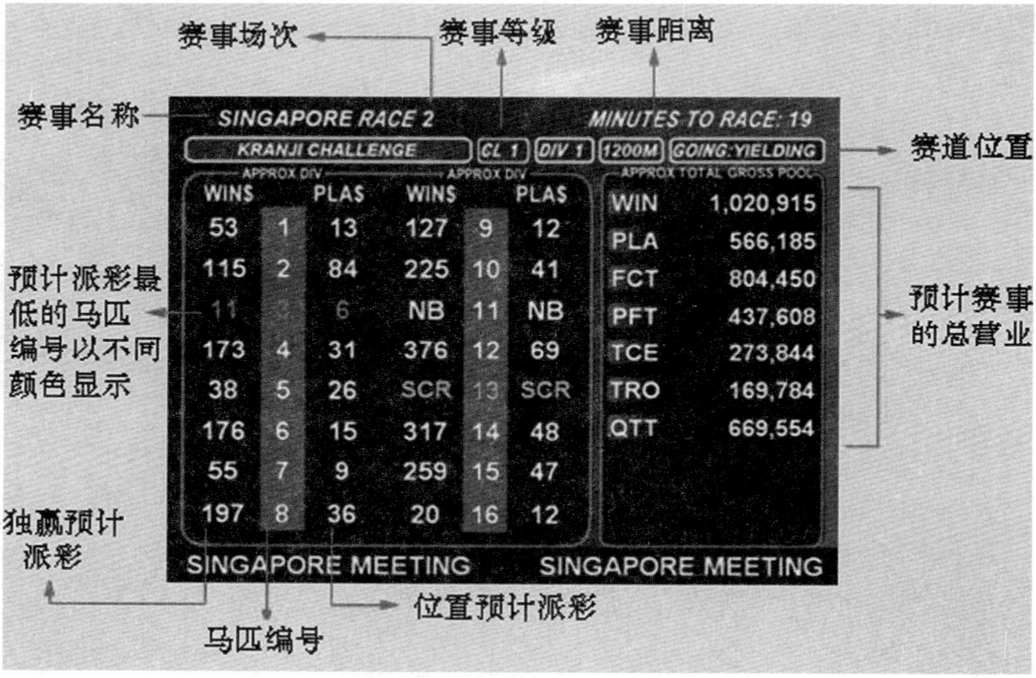

图12-4-1

二、预测彩预计派彩

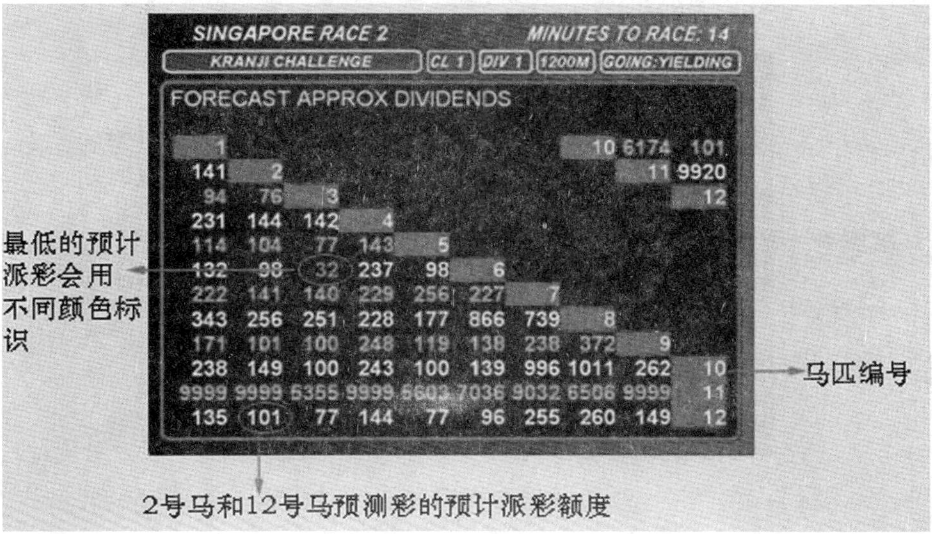

图12-4-2

三、位置预测彩预计派彩

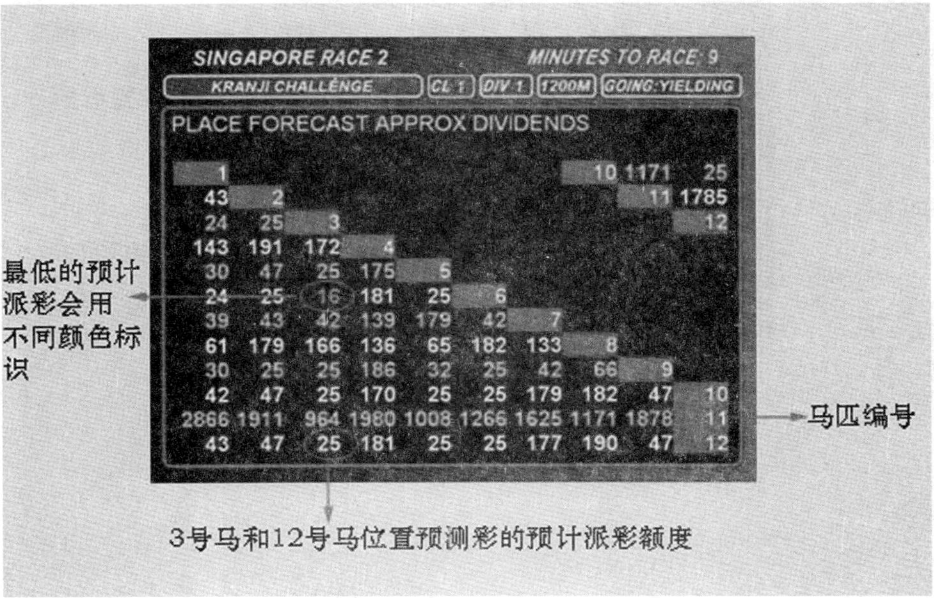

图12-4-3

四、独赢预计派彩及赛事成绩

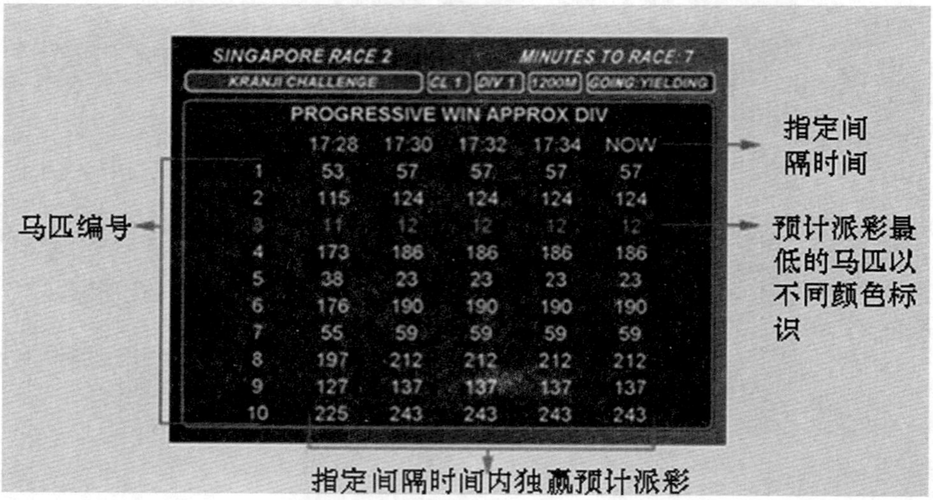

图12-4-4

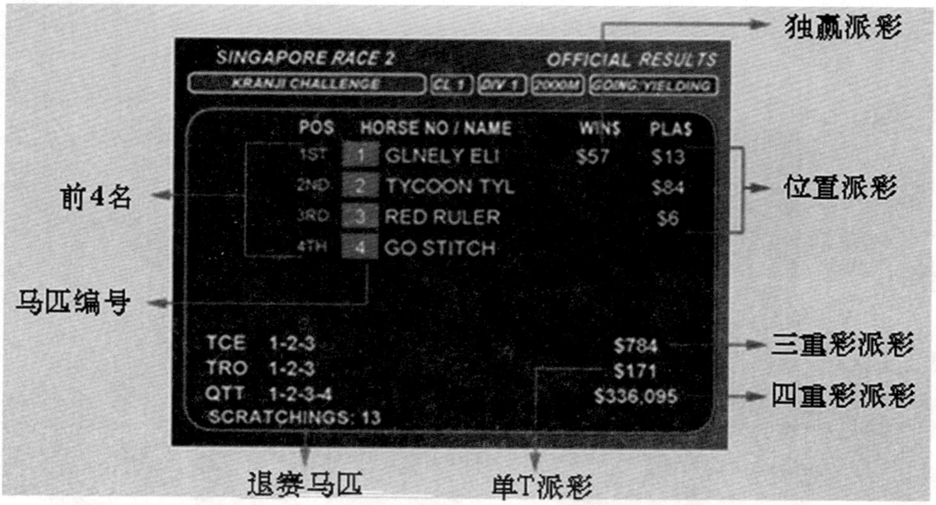

图12-4-5

五、媒体精选/最新消息/马匹体重与骑师资料/赛事资料

1. 媒体精选

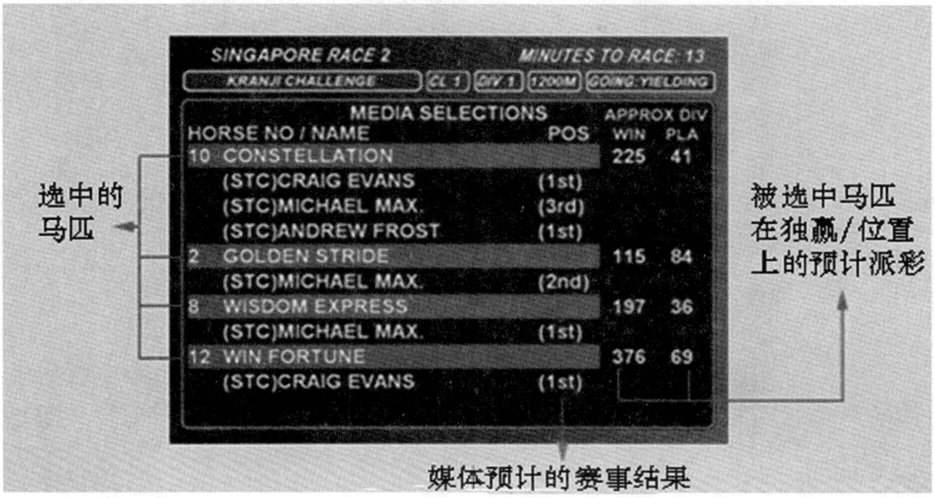

图12-4-6

2. 最新消息

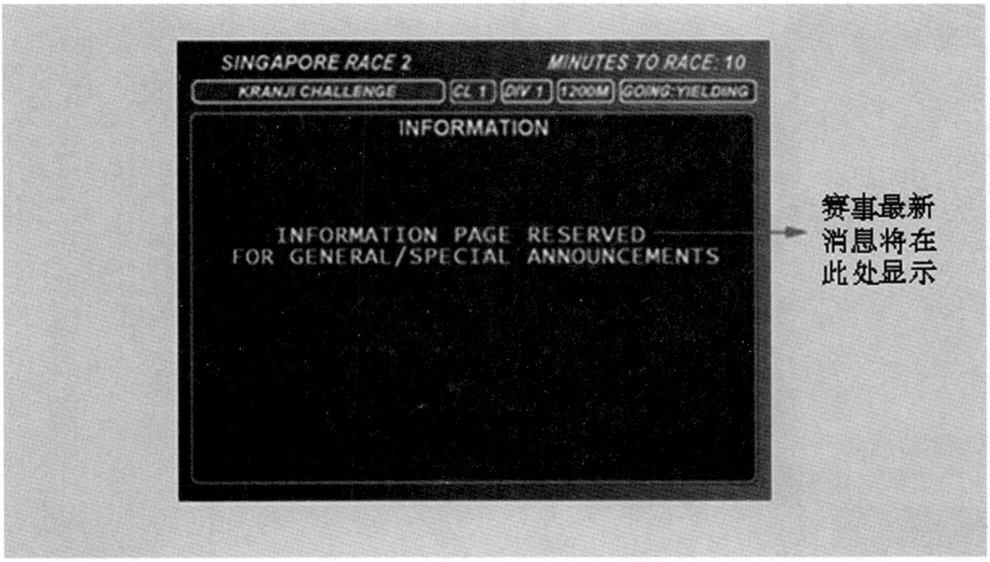

图12-4-7

3. 马匹体重与骑师信息

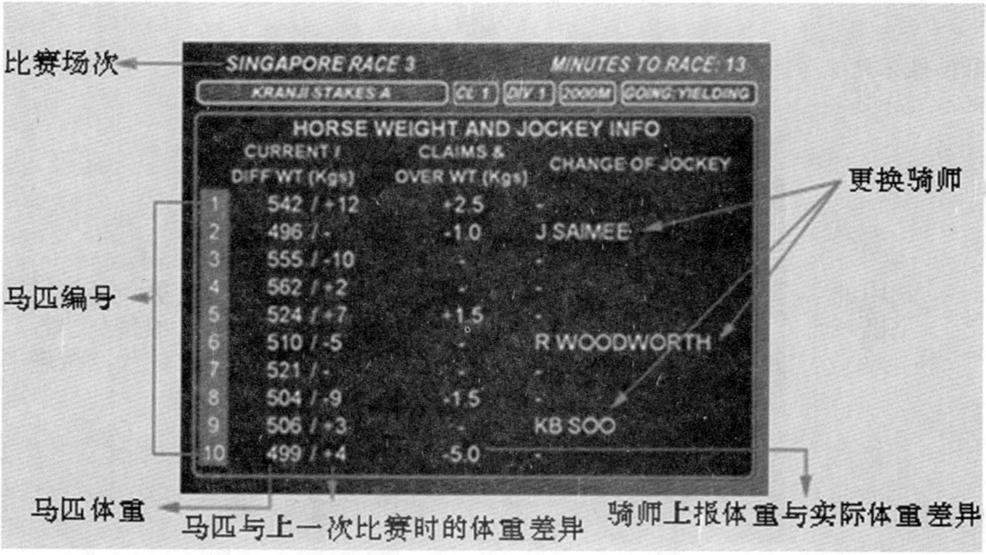

图12-4-8

4. 赛事资料

图12-4-9

参考资料

1. 香港赛马会:http://racing.hkjc.com

2. 美国每日赛报:http://www.drf.com

3. 日本中央竞马会:http://www.jra.go.jp

4. 澳门赛马会:http://www.mjc.mo/race/info/index.php

5. 新加坡赛马会:http://cn.turfclub.com.sg/Pages/Homepage.aspx

6. 澳大利亚赛马会:https://www.australianturfclub.com.au

7. 英国赛马会:http://www.horse-racing.co.uk

8. Richard Eng. *Betting On Horse Racing For Dummies*.Hungry Minds. 1988.

9. Andrew Beyer. *Beyer On Speed: New Strategies for Racetrack Betting*. Mariner Books. 2007.

10. Keith Hoffman. *Smarter Bets - The Exacta Way: A Simple Process to Winning on Horse Racing*. Create Space Independent Publishing Platform. 2013.

11. Andrew Beyer. *Picking Winners: A Horseplayer's Guide.Mariner Books*. 1994.

12. Steve Davidowitz. *Betting Thoroughbreds for the 21st Century*. Daily Racing Form. 2009.

13. James Quinn. *The Complete Handicapper*. DRF Press. 2013.

14. Bobby Zen. Trifecta: *The Business of Betting Thoroughbreds for Profit*. Outskirts Press. 2012.

15. Tom Ainslie. *Ainslie's Complete Guide to Thoroughbred Racing*.Touchstone. 1988.

16. Dan Horowitz. *Win Money Betting on Horses*. DH Publishing. 2016.

17. Barry Meadow. *Money Secrets At The Racetrack*. TR Publishing.2000.

18. Steve Klein. *The Power of Early Speed.Daily Racing Form*. 2005.

19. Nick Borg. *Off the Charts: Turning Result Charts into Profitable Selections at the Track*. Daily Racing Form. 2003.

20. Dean Keppler. *Trainer Angles: Maximizing Profits using Formulator Software and Advanced Trainer Stats*. Daily Racing Form. 2006.

21. Lauren Stich. *Pedigree Handicapping*. Daily Racing Form.2004.

22. Bill Heller. *Go for the Green: Turf Racing Made Easy*. Daily Racing Form. 2003.

23. Dan Illman. *Betting Maidens and 2-Year-Olds: Analytical Approach to Future Winners*. Daily Racing Form. 2005.

24. J Surujlal. *Sport of Kings: Analysis of motives for gambling on horseracing*. African Journal for Physical, Health Education, Recreation & Dance. 2011.

25. Winter,Caroline. *Fashion,fantasy and fallen horses: alternate images of thoroughbred racing*. Annals of Leisure Research. 2014.

26. E R DaSilva and Roy M Dorcus. *Science in Betting: The Players and the Horses*. Harper & Row.1961.

27. Steve Sharp. *Fast Horses, Fast Money: The Complete Guide to Quarter Horse Racing*. Createspace.2007.

28. Dick Mitchell. *Winning Thoroughbred Strategies*. William Morrow & Co. 1988.

29. Steven Crist. *Betting on Myself: Adventures of a Horseplayer and Publisher*. Daily Racing Form. 2003.

30. Brad Free. *Handicapping 101: Finding the Right Horses and Making the Right Bets*. Daily Racing Form. 2004.

31. Brad Free. *Handicapping101:An Introduction to Betting on Horses,Revised and Updated*. Daily Racing Form. 2012.

32. Brad Free. *Handicapping 101: A Horse Racing Primer*. Daily Racing Form. 2007.

33. Randy Giles. *Extreme Pace Handicapping: If You Doodle They Will Come*. CreateSpace Independent Publishing Platform. 2008.

34. C X Wong. *Precision: Statistical and Mathematical Methods in Horse Racing*. Outskirts Press. 2011.